CRITIQUE

DE LA PHILOSOPHIE

DE

THOMAS REID.

1

PARIS. — IMPRIMERIE DE FAIN ET THUNOT,
IMPRIMEURS DE L'UNIVERSITÉ ROYALE DE FRANCE,
28, rue Racine, près de l'Odéon.

CRITIQUE

DE LA PHILOSOPHIE

DE

THOMAS REID

PAR

M. ADOLPHE GARNIER

PROFESSEUR SUPPLÉANT DE PHILOSOPHIE A LA FACULTÉ DES LETTRES
DE PARIS.

———

A PARIS

CHEZ L. HACHETTE

LIBRAIRE DE L'UNIVERSITÉ ROYALE DE FRANCE

RUE PIERRE-SARRAZIN, 12

—

1840

CRITIQUE

DE LA PHILOSOPHIE

DE

THOMAS REID.

PREMIÈRE PARTIE,

EXPOSÉ DE LA DOCTRINE.

MÉTHODE.

1. Définition des mots : esprit, opérations de l'esprit, pouvoir, facultés, intérieur, extérieur, penser, percevoir, conscience, concevoir, imaginer, objet, idée, impression, sensation (1).

2. Position des axiomes; ces principes sont : la certitude de conscience et de réflexion; l'évidence de notre existence et de celle de la substance en général; l'objectivité de la plupart des opérations de l'esprit; la certitude du consentement universel, celle des sens et de la mémoire (2).

3. Éviter les hypothèses et se défier des analogies (3).

4. Ne prendre pour guide que la *réflexion* ou l'ob-

---

(1) T. III, p. 15 et suiv. Ces renvois se rapportent à la traduction complète des OEuvres de Reid, par M. Jouffroy.

(2) T. III, p. 45 et suiv.

(3) T. III, p. 56-8.

servation attentive des opérations de notre esprit, en s'appuyant sur l'analyse du langage et des actions de nos semblables (1).

5. Les causes que nous assignons aux phénomènes doivent être réelles et non fictives ; il est également évident qu'elles doivent être adéquates aux effets qu'on leur rapporte (2).

DIVISION GÉNÉRALE DES FACULTÉS.

6. L'entendement et la volonté sont les titres généraux sous lesquels on peut renfermer toutes les facultés de l'âme. La volonté comprend les facultés *actives*, c'est-à-dire les principes qui nous portent à agir, comme les appétits, les passions, les affections. L'entendement contient les facultés *contemplatives*, par lesquelles on perçoit, conçoit, se rappelle, compare, analyse, juge et raisonne. Les facultés contemplatives sont sous la direction des facultés actives, et il n'y a pas d'acte de la volonté qui ne soit accompagné d'un acte de l'entendement (3).

7. L'esprit est actif dans la sensation, mais par l'attention seulement (4).

8. Dans toutes les langues, les différentes manières de penser ont reçu le nom d'opération. Nous attribuons au corps diverses propriétés, mais point d'opérations proprement dites... La raison qui fait appeler opération toutes les manières de penser, c'est que dans toutes ou presque toutes l'esprit n'est point passif comme le corps, mais véritablement actif (5).

(1) T. III, p. 68-73.   (4) T. II, p. 75-77.
(2) *Ibid.*, p. 133-7.   (5) T. III, p. 20-1.
(3) *Ibid.*, p. 79-80 ; t. V, 315-317.

9. La perception, la mémoire et la conscience ne se bornent pas à de simples conceptions, mais elles renferment des déterminations *actives* de l'esprit par lesquelles il prononce que les choses sont vraies ou qu'elles ne le sont pas (1).

10. On pourrait diviser les facultés de l'âme d'après les opérations sociales et les opérations solitaires : percevoir, juger, sont des actes qu'on peut accomplir dans la solitude; interroger est un acte qui suppose la société et qui est aussi simple que juger. Il en est de même de *témoigner*, de *promettre*, de *recevoir un témoignage*, de *demander* ou *accepter une faveur*, de *commander* ou *obéir*. Toutes ces opérations impliquent la conviction qu'il existe d'autres êtres que nous, doués de la même intelligence (2).

FACULTÉS INTELLECTUELLES.

CONSCIENCE.

11. Les choses présentes et internes sont les seules dont nous ayons conscience; les opérations de notre âme sont accompagnées d'un sentiment intérieur que nous appelons conscience (3).

12. Fixer l'attention de l'esprit sur ses pensées, ses affections et ses autres opérations, lorsqu'elles sont présentes, ou que leur trace est encore récente dans la mémoire, c'est faire un acte de réflexion (4).

13. La conscience a pour objet nos peines présentes, nos plaisirs, nos espérances, nos craintes, nos désirs,

_____

(1) T. V, p. 11.   (3) T. III, p. 25 et 48-9.
(2) T. III, p. 84-88; t. VI, p. 383-8.   (4) T. III, p. 49-50.

nos doutes, nos pensées de tout genre, en un mot, toutes les passions, toutes les actions, toutes les opérations de l'âme, au moment où elles se produisent (1).

14. La réflexion est la seule voie qui nous donne les notions de raisonnement, de prémisses, de conclusion, de syllogisme, d'enthymême, de sorite, de démonstration, de paralogisme et autres semblables (2).

SENSATION.

15. Ni l'organe de l'odorat, ni le milieu par lequel le corps affecte cet organe, ni aucun des mouvements qui peuvent être excités dans la membrane pituitaire ou dans les nerfs ou dans les esprits animaux, ne ressemble en aucune manière à la sensation d'odeur, et cette sensation considérée en elle-même ne nous aurait jamais conduit à songer aux nerfs, aux esprits animaux, et à l'émission des particules odorantes. Supposons un homme qui éprouve tout à coup une sensation d'odeur, en flairant une rose; il se sent affecté d'une manière nouvelle, mais il ignore à quelle occasion, et par quelle cause. Ainsi ému, il ressemble à une personne qui éprouve une peine ou un plaisir dont elle n'a jamais eu l'idée, et qui sait seulement qu'elle ne s'est pas donné à elle-même cette sensation désagréable ou flatteuse : elle n'en peut conclure autre chose sinon que cet état a une cause et que cette cause lui est inconnue. On ne peut pas plus attribuer une place à la sensation d'odeur qu'à la joie ou à la tristesse, *ni supposer que cette sensation continue d'exister lorsqu'elle cesse d'être sentie;* elle n'est donc pour nous qu'une affec-

(1) T. V, p. 96-97.   (2) T. V, p. 205.

tion simple et spéciale de notre esprit, que nous ne pouvons expliquer ni rapporter à sa cause. Il nous paraît impossible en effet que cette affection existe dans un corps : c'est une sensation, et une sensation ne peut exister que dans un sujet sentant (1).

16. Je puis penser à l'odeur de rose sans la sentir actuellement, et il est très-possible que lorsque je pense à cette odeur il n'y ait ni rose ni odeur de rose, à dix lieues à la ronde. Mais lorsque j'éprouve la sensation, je suis nécessairement déterminé *à croire que cette sensation* existe. C'est un fait commun à toutes les sensations, que comme *elles ne peuvent exister sans être perçues*, *de même elles ne peuvent être perçues sans exister....* Une sensation telle que l'odeur, par exemple, peut se présenter à l'esprit sous trois formes différentes : on peut l'éprouver; on peut se la rappeler ou s'en souvenir; on peut l'imaginer ou en avoir la conception. Dans le premier cas elle est nécessairement accompagnée dans notre esprit de la persuasion de son existence actuelle, dans le second, de la persuasion de son existence passée, dans le troisième, elle n'est accompagnée d'aucune croyance relative à son existence : elle est précisément ce que les logiciens appellent une simple appréhension (2).

17. Je sens qu'il y a une différence spécifique entre la sensation et la mémoire, et une autre entre ces deux opérations et l'imagination. Je trouve encore que la sensation *atteste l'existence actuelle de l'odeur* (3).

18. Nous avons considéré l'odeur comme une sensation ou une impression éprouvée par l'esprit, et c'est

(1) T. II, p. 41-2, et p. 317.   (3) T. II, p. 46.
(2) T. II, p. 43-4.

en ce sens qu'elle ne peut exister sans un esprit ou un sujet sentant. Mais il est évident que les hommes donnent beaucoup plus souvent le nom d'odeur à quelque chose d'extérieur, qu'ils regardent comme une qualité des corps. J'incline à croire qu'il y a réellement quelque chose dans le lys et dans la rose qui est appelé odeur par le vulgaire, et qui continue d'exister alors même qu'il n'y a pas d'organe pour le respirer, ni d'esprit pour le sentir (1).

19. L'odeur de rose n'est pour nous qu'une certaine affection de notre esprit, et comme cette affection n'est point constante, qu'elle s'en va et qu'elle revient, nous sentons le besoin de savoir quand et dans quelle circonstance nous pouvons l'attendre. Nous sommes donc mal à notre aise tant que nous n'avons pas découvert quelque chose qui, par sa présence, nous donne cette affection et nous l'enlève, en se retirant. Quand nous avons trouvé ce quelque chose, nous l'appelons la cause de cette affection (2).

20. Lorsqu'un homme sent la même eau, chaude d'une main et froide de l'autre, il distingue la sensation qu'il éprouve d'avec la chaleur du corps, et, quoiqu'il sache que les deux sensations sont contraires, il n'imagine pas que le corps puisse avoir en même temps des qualités contraires; de même lorsqu'un homme, après une longue maladie, revient en santé et qu'il trouve aux mêmes aliments un goût différent de celui qu'il leur trouvait, lorsqu'il était malade, malgré cette différence, il ne laisse pas de reconnaître que la qualité, appelée saveur dans le corps, est la même qu'auparavant, quoi-

(1) T. II, p. 65-7.   (2) T. II, p. 69.

que les sensations qu'il en a reçues soient peut-être op-
posées (1).

21. Nos sensations ont différents degrés d'intensité ;
quelques-unes sont si fortes et si vives qu'elles nous
donnent ou beaucoup de plaisir ou beaucoup de
douleur. Dans ce cas on ne porte son attention que sur
la sensation ; le nom qu'on lui donne ne désigne qu'elle,
et lorsqu'on le prononce on reconnaît immédiatement
que la chose signifiée par ce nom est dans l'esprit seulement et non dans un corps. Telles sont les différentes douleurs, les maladies, les sensations qui accompagnent la faim et les autres appétits. Mais lorsque la
sensation n'est pas assez intéressante pour saisir et oc-
cuper la pensée, les lois de notre nature nous indui-
sent à la considérer comme le *signe* d'une chose extérieure avec laquelle elle est associée par une relation
constante (2).

22. La dureté et la mollesse sont des qualités du
corps ; la sensation qui nous la révèle diffère de cette
qualité ; on peut le remarquer lorsqu'on presse la main
contre une table : quelquefois cette sensation est si violente qu'elle cause une vive douleur, comme quand un
homme s'est heurté violemment la tête contre une
colonne (3).

23. La cohésion des parties d'un corps n'est pas
plus semblable à la sensation qui me les révèle, que la
vibration d'un corps sonore ne ressemble au son que
j'entends, *et une sensation d'odeur, de saveur ou de
son aurait pu nous révéler la dureté* tout aussi bien
que la sensation chargée de cet emploi par la nature (4).

(1) T. II, p. 72-3.　　　(3) T. II, p. 98-9.
(2) T. II, p. 74, 320, 340 et suiv.　(4) T. II, p. 101.

24. La sensation ne peut donner l'idée, ni de l'étendue, ni de la figure, ni de l'espace, ni du mouvement (1).

25. Aucune de nos sensations ne ressemble à aucune des qualités du corps. Elles sont seulement les signes des qualités réelles qui existent dans les corps (2).

26. Les sensations du toucher, de la vue, de l'ouïe, sont toutes dans l'esprit, et ne peuvent avoir d'existence qu'au moment même où elles sont perçues (3).

27. Pourquoi percevons-nous les objets visibles dans la direction des lignes droites, perpendiculaires à la partie de la rétine sur laquelle tombent les rayons, tandis que nous ne percevons point les objets de l'ouïe dans la direction des lignes perpendiculaires à la membrane du tympan, sur laquelle agissent les vibrations de l'air ? C'est en vertu des lois de notre nature (4).

28. Comment connaissons-nous que certaines parties de notre corps sont le siége de certaines douleurs ? Ce n'est ni par expérience, ni par raisonnement, mais par la constitution de notre être. La sensation de la douleur est incontestablement dans l'esprit, et on ne peut pas dire qu'elle ait, de sa nature, aucune relation avec la partie affectée (5).

29. La douleur est une sensation désagréable ; quand elle n'est pas sentie elle n'existe pas. Ce que nous avons dit de la douleur s'applique à toutes les sensations : quelques-unes sont désagréables, d'autres agréables à différents degrés ; *mais beaucoup sont in-*

(1) T. II, p. 116-119.
(2) T. II, p. 164-171.
(3) T. II, p. 226.
(4) T. II, p. 227.
(5) T. II, p. 227.

différentes, et nous les remarquons si peu qu'elles ne sont nommées dans aucune langue(1).

30. Si je passe légèrement les mains sur une table, je sens qu'elle est polie, qu'elle est dure, qu'elle est froide; ce sont des qualités de la table que je perçois par le toucher, mais je les perçois à la suite d'une sensation qui les indique. Comme cette sensation n'est pas douloureuse, je n'y fais pas attention; elle désigne à ma pensée la chose qu'elle signifie, puis je l'oublie, et elle est pour moi comme si elle n'avait pas été; mais en répétant l'expérience et en détournant mon attention *des qualités dont elle est le signe*, je puis la remarquer, et alors elle me semble aussi distincte de la dureté, du poli, de la température, que dans le cas où elle est douloureuse..... *Les sensations indifférentes sont les plus nombreuses* (2).

31. La sensation est l'acte ou, si l'on veut, le sentiment d'un être sensible; la figure, la divisibilité, la solidité, ne sont ni des actes ni des sentiments. La sensation a pour sujet nécessaire un être sentant; *car une sensation non sentie serait une absurdité*. La figure et la divisibilité supposent un sujet figuré et divisible, mais non pas un sujet sentant (3).

32. Dans la perception des *qualités primaires*, la sensation conduit immédiatement la pensée à la qualité dont elle est le signe, et à l'instant nous l'oublions; aussi est-elle à peu près pour nous comme si elle n'était pas sentie. C'est le cas de toutes les sensations qui accompagnent les perceptions des qualités primaires; nous ne les remarquons que lorsqu'elles sont assez pé-

(1) T. III, p. 42-3.   (3) T. III, p. 276.
(2) T. III, p. 265-268.

nibles ou assez agréables pour attirer notre attention.
Si nous touchons doucement au corps, il nous est très-
difficile d'imaginer que nous ayons senti autre chose
qu'un corps dur, tant nous avons de peine à remarquer
les sensations qui appartiennent aux qualités primaires,
quand elles ne *sont ni agréables ni pénibles.* Dans ce
cas l'intelligence passe rapidement à l'objet, et la sensation réduite à la *fonction de signe,* s'évanouit aussitôt qu'elle a rempli le ministère que la nature lui avait
assigné (1).

33. Nous disons que nous sentons le mal de tête,
et non pas que nous le percevons; que nous percevons
la couleur et non pas que nous la sentons. Dans les
deux cas, il y a sensation et perception; mais dans le
premier cas, c'est la sensation qui fixe notre attention,
parce qu'elle est douloureuse; dans le second, c'est la
perception, parce que la sensation est indifférente.....
Quoique tous les philosophes conviennent que *dans la
vue d'une couleur il y a sensation*, il n'est pas facile
de le persuader au vulgaire, lorsque la couleur n'est
pas trop forte, la lumière pas trop vive, et l'œil bien
portant (2).

PERCEPTION.

34. Critique de la théorie philosophique sur les
idées (3).

35. La perception et la sensation sont deux choses
fort différentes : dans cette phrase : je sens une douleur,
la distinction entre l'acte et l'objet n'est pas réelle
comme dans cette autre : je vois un arbre. Ce que nous

(1) T. III, p. 278-9.   (3) T. II, p. 27-37 et 52-60.
(2) T. III, p. 289-90.

venons de dire de la douleur s'applique à toutes les autres sensations. Il est fort difficile de multiplier les
exemples, parce que parmi nos sensations il y en a
peu qui aient des noms (1).

36. La *conception* d'un arbre, le souvenir d'un arbre, et la *perception* d'un arbre ne diffèrent pas seulement en degré. La perception d'un objet renferme
deux éléments : la *conception* de sa figure et la
croyance à son existence présente (2).

37. Le mot percevoir ne s'applique jamais aux choses de l'existence desquelles nous n'avons pas la pleine
conviction : je puis concevoir ou imaginer une monta-
gne d'or, un cheval ailé, mais personne ne dit qu'il
perçoit ces êtres imaginaires ; la perception se distingue par là de la conception ou de l'imagination. 2° La
perception ne s'applique qu'aux objets extérieurs et
non point à ceux qui sont dans l'esprit : si je souffre, je
ne dis pas que je perçois la douleur, mais que je la
sens, que j'en ai conscience ; par là, la perception se
distingue de la conscience. 3° L'objet de la perception est
une chose présente : nous nous souvenons de ce qui
est passé ; nous ne le percevons pas (3).

38. Il y a dans la perception trois choses : 1° quelque conception ou notion de l'objet perçu ; 2° une conviction irrésistible, et une croyance ferme de son existence actuelle ; 3° cette conviction et cette croyance
sont immédiates et non l'effet du raisonnement (4).

39. On peut douter que les enfants, quand ils commencent à se servir de leurs sens, fassent aussitôt la
distinction entre les choses qui ne sont que conçues et

(1) T. II, p. 302-3.   (3) T. III, p. 23-4.
(2) T. II, p. 304.   (4) T. III, p. 125-6.

celles qui existent réellement... La conviction de l'existence d'une chose semble supposer l'idée d'existence, idée trop abstraite peut-être pour entrer dans l'esprit d'un enfant (1).

40. 1° Si l'objet n'est point en contact avec l'organe, un milieu est nécessaire pour les mettre en communication : ainsi, les rayons de la lumière, les vibrations de l'air et les émanations odorantes sont des intermédiaires indispensables entre l'objet et l'organe. 2° Il faut qu'une action soit exercée et une impression produite sur l'organe. 3° L'impression doit se propager de l'organe aux nerfs, et des nerfs au cerveau. 4° L'impression est suivie de la sensation, et la sensation est suivie de la perception (2).

41. Peut-être que nos perceptions auraient pu suivre immédiatement les impressions organiques sans l'intermédiaire des sensations; il paraît même que c'est ainsi que s'opère la perception de la figure visible (3).

42. L'apparence naturelle de la couleur est une sensation qui n'a pas de nom (4).

43. Nos perceptions sont de deux sortes : les unes sont *naturelles* et primitives, les autres *acquises* par l'expérience. Lorsque je perçois que tel goût est celui du vin, telle odeur celle d'une pêche, tel son celui d'une cloche, etc., toutes ces perceptions sont acquises;

(1) T. III, p. 131-2.   (3) T. II, p. 318.
(2) T. II, p. 314-5; t. III, p. 89-   (4) T. II, p. 338.
97.

mais celles que j'ai, par le toucher, de la dureté des corps, de leur étendue, de leur figure, de leur mouvement, etc., sont naturelles et primitives....... Nous ne percevons originairement par la vue que la figure, la couleur et la face visible des corps, mais nous apprenons à percevoir par ce même sens presque tout ce que nous percevons par le toucher. Les perceptions primitives de l'œil ne sont que des signes pour introduire les perceptions acquises. Connaître toutes les brebis d'un troupeau, juger à l'œil du poids et de la qualité d'un animal, du blé ou du foin qu'on pourra recueillir, du tonnage et de la nation d'un vaisseau éloigné, du style et de la touche des grands maîtres, ce sont des perceptions acquises (1).

44. Il faut distinguer la perception d'avec la connaissance sensible raisonnée. Primitive ou acquise, la perception n'implique pas l'exercice de la raison; elle est commune aux hommes, aux enfants, aux idiots et aux animaux. Parmi les conclusions que la raison tire de nos perceptions, les plus immédiates composent ce qu'on appelle le sens commun; les plus éloignées composent la science. Le fermier qui voit sa haie rompue et son blé foulé juge que les bestiaux de ses voisins ont pénétré dans son enclos : ce jugement appartient au sens commun, et dérive si immédiatement de la perception, qu'il est difficile de marquer la ligne qui l'en sépare. La science, à son tour, touche de si près au sens commun, qu'on ne peut en indiquer les fonctions respectives (2).

45. Ce n'est pas le raisonnement qui nous donne la

---

(1) T. II, p. 309-10 et t. IV, p.   (2) T. II, p. 312-3. 26-7, 30.

faculté de percevoir par un sens ce qu'il ne perçoit pas naturellement. Cette faculté naît de *notre constitution, qui fait que, lorsque nous trouvons deux choses unies dans des circonstances données, nous sommes portés à croire qu'elles sont unies par la nature,* et que nous les trouverons toujours associées (1).

46. A proprement parler les sens ne nous trompent pas (2).

47. On peut peindre une sphère sur une surface plane de manière à produire une illusion complète : on dit dans de ce cas que l'œil est trompé, mais la déception n'est pas dans la perception primitive de la vue, elle est dans la perception acquise..... Dans toute perception primitive ou acquise, il y a un signe et une chose signifiée ; dans la perception primitive le signe est la sensation..... Dans la perception acquise le signe est ou une sensation ou une perception primitive. La chose signifiée est ce que l'expérience m'indique comme associée constamment aux signes (3).

48. Ce ne sont pas nos sens qui nous trompent, c'est le jugement que nous en tirons (4).

49. S'il est des cas où l'oreille ne peut discerner les sons produits par des causes différentes, il s'ensuit que l'ouïe est un sens imparfait et non pas qu'il est un sens trompeur (5).

50. Il n'y a qu'une classe des erreurs attribuées aux sens qui mérite véritablement ce nom : ce sont celles qui proviennent du dérangement de l'organe..... C'est ainsi qu'on éprouve de la douleur dans le membre qu'on a

(1) T. IV, p. 30.
(2) T. II, p. 340.
(3) T. IV, p. 28-9.
(4) T. IV, p. 37 et suiv.
(5) T. IV, p. 47.

perdu, qu'on sent double un corps de petite dimension en croisant les doigts, qu'on voit double, en ne dirigeant pas les deux yeux parallèlement, qu'on aperçoit des couleurs qui n'existent pas, en pressant l'œil, et qu'on voit les couleurs autres qu'elles ne sont, quand on a la jaunisse (1).

TOUCHER.

51. Ce sens nous fait connaître directement le froid et le chaud, et par suggestion (2) la dureté et la mollesse, le rude et le poli, la figure, la solidité, le mouvement et l'étendue. La sensation du toucher est fort simple et n'a pas la moindre ressemblance avec ces qualités (3).

52. La nature, au moyen de la sensation du toucher, nous révèle l'espace dans lequel les corps sont placés (4).

VUE.

53. Les apparences visibles des objets diffèrent des choses suggérées par ces apparences. Nous remarquons à peine ce qu'il y a de différent dans ces apparences, pour passer aux choses qu'elles signifient. Quand un homme est à dix pas et ensuite à cent pas de moi, je ne remarque pas la diminution de l'apparence visible, et elle est pourtant le signe de la distance (5).

54. La couleur est une qualité du corps et non pas une sensation de l'esprit..... L'idée que nous avons appelée l'apparence de la couleur suggère la notion et la croyance d'une qualité inconnue dans le corps qui l'a

(1) T. III, p. 292; t. IV, p. 48; t. V, p. 106 et suiv.
(2) Voyez plus loin, n° 73, l'explication de ce mot.
(3) T. II, p. 95 et 110.
(4) T. II, p. 320.
(5) T. II, p. 146-8.

excitée ; et c'est à cette qualité et non point à l'idée que nous donnons le nom de couleur. Lorsque nous parlons de quelque couleur particulière ou que nous y pensons, la notion qu'elle présente à l'imagination , toute simple qu'elle paraisse , ne laisse pas d'être réellement composée : elle comprend toujours une cause inconnue et un effet connu ; le nom de couleur appartient proprement à la cause et non à l'effet ; mais comme la cause est inconnue, nous ne pouvons nous en former une notion distincte que par sa relation à l'effet connu. C'est pourquoi ces deux choses s'accompagnent toujours dans l'imagination , et sont si étroitement unies qu'on finit par les considérer comme un objet simple de la pensée (1).

55. Nous disons que le corps est coloré, comme nous disons qu'il est astringent, narcotique , caustique, etc. (2).

56. Il existe une ressemblance entre la figure et la grandeur *visible* d'un corps , et sa figure et sa grandeur *réelle* (3).

57. La figure visible est la position des différentes parties du corps figuré relativement à l'œil qui le voit (4).

58. La position de l'objet coloré n'est point une sensation ; mais, en vertu des lois de ma constitution , elle s'introduit dans mon esprit avec la couleur, sans qu'il soit besoin d'une sensation nouvelle pour lui ouvrir le chemin (5).

59. L'impression matérielle sur la rétine nous suggère d'une part la couleur et de l'autre la position de l'objet (6).

(1) T. II, p. 154-7.
(2) T. II, p. 159.
(3) T. II. p. 17.
(4) T. II, p. 174.
(5) T. II, p. 179 80.
(6) T. II, p. 181.

60. Il y a différents mouvements des yeux, qui, pour que la vision soit distincte, doivent être variés selon la distance de l'objet ; ces mouvements étant associés par l'habitude aux distances correspondantes, deviennent les signes de ces distances (1).

61. Par la vue, nous avons d'abord la perception de la couleur des corps, qui est une qualité de même nature que le son, la saveur et l'odeur ; nous avons ensuite la perception de deux des dimensions de l'étendue, c'est-à-dire de la figure et de la grandeur visibles des objets, et de la distance visible qui les sépare : ce sont là les seules perceptions primitives de la vue (2).

OUÏE.

62. Le son diffère par le ton et par l'intensité : l'oreille est capable de percevoir dans le son quatre ou cinq cents variations de ton et probablement un nombre égal de degrés d'intensité. Les sons diffèrent aussi par le timbre (3).

63. Il y a une certaine modification du son qui nous aide à juger de la place des corps (4).

64. Bien que ce soit l'ouïe qui nous rende capable de percevoir l'harmonie, la mélodie et tous les charmes de la musique, cependant toutes ces choses, pour être bien senties, paraissent exiger une faculté plus pure, plus élevée, qu'on appelle ordinairement *une oreille musicale*. Mais comme cette faculté semble exister à des degrés bien différents chez ceux qui possèdent au même degré la simple faculté de l'ouïe, nous ne la ran

(1) T. II, p. 321.   (3) T. II, p. 85-6.
(2) T. IV, p. 27.   (4) T. II, p. 86.

geons point au nombre des sens extérieurs; elle mérite une place plus distinguée (1).

ODORAT.

65. L'odeur peut être assimilée à la joie ou à la tristesse : on ne peut lui assigner de place, ni supposer qu'elle existe, lorsqu'elle cesse d'être sentie; ce n'est donc qu'une affection simple et spéciale de l'esprit qu'il ne peut rapporter à sa cause, et dont il sait seulement qu'elle a une cause inconnue (2).

GOUT.

66. L'organe de ce sens garde l'entrée du canal alimentaire, comme l'organe de l'odorat garde l'entrée du canal de la respiration. La position de ces deux sens fait que tout ce qui passe dans l'estomac subit un examen scrupuleux de leur part, et il est évident que la nature, en leur donnant ce poste, les chargea de distinguer les aliments sains d'avec les aliments vicieux. Les brutes n'ont pas d'autres guides pour le choix de leur nourriture, et si l'homme était dans l'état sauvage, il n'en connaîtrait pas d'autres (3).

67. Les saveurs qui affectent notre palais sont agréables, désagréables ou indifférentes (4).

QUALITÉS PRIMAIRES ET QUALITÉS SECONDAIRES.

68. Nos sens nous donnent une notion directe et distincte des qualités primaires, et nous apprennent en quoi elles consistent; la notion qu'ils nous fournissent

---

(1) T. II, p. 87.　　(3) T. II, p. 79-80.
(2) T. II, p. 42.　　(4) T. V, p. 253-254.

des qualités secondaires est obscure et relative ; ils nous apprennent que ces qualités produisent en nous certaines sensations. Mais que sont-elles en elles-mêmes (1)?

69. Les qualités primaires ne sont ni des sensations, ni rien qui ressemble à des sensations. La sensation est l'acte ou si l'on veut le sentiment d'un être sensible; la figure, la divisibilité, la solidité, ne sont ni des actes ni des sentiments (2).

70. Les sensations produites par les qualités secondaires ne ressemblent pas à ces qualités. Les vibrations d'un corps sonore n'ont aucune ressemblance avec le son (3).

71. Les qualités primaires sont l'objet des sciences mathématiques; il n'en est pas ainsi des qualités secondaires (4).

72. La qualité secondaire et la sensation qui nous la révèle ne reçoivent qu'un seul et même nom et nous sommes portés à les confondre. Dans la perception des qualités primaires, la sensation conduit immédiatement la pensée à la qualité dont elle est le signe. Si vous pressez fortement un corps acéré, vous éprouvez de la douleur, et vous vous persuadez facilement que cette douleur est une sensation qui ne ressemble pas au corps qui la cause; vous percevez en même temps la forme aiguë, et vous n'attribuez pas cette qualité à votre âme (5).

SUGGESTIONS.

73. Il y a des suggestions acquises et des suggestions

(1) T. III, p. 273-6.

(2) T. III, p. 276.

(3) T. III, p. 277.

(4) T. III, p. 277.

(5) T. III, p. 278-9.

naturelles. Les premières nous fournissent, par exemple, l'idée d'un carrosse à propos du bruit; les secondes, l'idée de l'existence présente d'un esprit et d'un objet à propos d'une sensation, l'idée d'une cause à propos de tout changement, l'idée d'étendue, de solidité et de mouvement à propos des sensations du toucher qui en sont fort différentes (1).

CROYANCE EN GÉNÉRAL.

74. Nous avons une *conception* immédiate des opérations de notre esprit, accompagnée de la ferme croyance qu'elles existent; nous appelons cela *avoir conscience*; mais nous ne faisons par là que donner un nom à cette source particulière de notre connaissance, nous n'en expliquons pas la nature. De même nous acquérons par nos sens la *conception* des objets extérieurs, accompagnée de la *croyance* qu'ils existent, et c'est ce que nous appelons percevoir; mais ici encore nous ne faisons que nommer une autre source de connaissances. Il est peu d'opérations de l'esprit dont nous ne trouvions que la croyance forme un élément, quand nous les analysons avec soin; elle est un élément de la conscience, de la perception et du souvenir (2).

75. La *croyance* n'entre pas seulement comme élément dans la plupart de nos opérations intellectuelles, mais encore dans beaucoup de principes actifs de notre esprit. La joie, la tristesse, la crainte, impliquent la *croyance* d'un bien ou d'un mal présent ou futur; l'estime, la reconnaissance, la piété, la colère, impliquent la croyance de certaines qualités dans l'objet de

(1) T. II, p. 64-65.   (2) T. IV, p. 16.

ces sentiments; toute action faite dans un but suppose dans l'agent la croyance qu'elle tend à ce but (1).

MÉMOIRE.

76. C'est par la mémoire que nous avons la connaissance immédiate des choses passées... La mémoire
a nécessairement un objet... En cela elle ressemble à
la perception et diffère de la sensation qui n'a point
d'autre objet qu'elle-même (2).

77. La mémoire est toujours accompagnée de la
croyance à l'existence passée de la chose rappelée; il
est possible que dans l'enfance, ou dans quelques trou-
bles de l'esprit, de vrais souvenirs ne se distinguent
pas nettement des pures imaginations. Nous ne pouvons nous souvenir que des choses que nous avons
perçues ou connues auparavant. La mémoire ne fait
pas connaissance avec les objets; elle renouvelle seulement celle que nous avions faite; le souvenir d'un
événement passé est nécessairement accompagné de la
conviction que nous existions lors de cet événement.
Je ne puis me souvenir d'une chose qui arriva l'an
passé, sans être convaincu que j'étais identiquement,
l'an dernier, la même personne qui se souvient aujour-
d'hui (3). Critique des fausses théories sur la mémoire (4).

CONCEPTION.

78. La conception n'entraîne pas la croyance à
l'existence de son objet (5).

79. La conception est la simple appréhension des

(1) T. IV, p. 16.
(2) T. IV, p. 51.
(3) T. IV, p. 52-54; t. V, p. 103.
(4) T. IV, p. 71-111.
(5) T. IV, p. 135.

logiciens : on peut concevoir, imaginer des choses qui n'ont point de réalité et que nous croyons fermement n'en pas avoir (1).

80. Quelquefois le mot concevoir signifie croire, comme dans ces phrases : j'imagine qu'il en est ainsi, je ne conçois pas que cela soit vrai (2).

81. La conception entre comme élément dans toutes les opérations de l'esprit (3).

82. Il n'y a ni vérité ni fausseté dans la conception, parce qu'elle ne nie ni n'affirme (4).

83. La conception est un acte de l'esprit du genre de ceux que les scolastiques appellent immanents, c'est-à-dire qui ne produisent rien qu'eux-mêmes. On la compare quelquefois à une peinture, mais cette métaphore est vicieuse, car peindre est un acte transitif qui produit un effet distinct de l'opération (5).

84. Il y a des conceptions de pure imagination, qui ne sont point des copies, mais des originaux; telle fut la conception de don Quichotte dans l'esprit de Cervantes ; telles sont les conceptions des romanciers et des poëtes. La conception peut former des combinaisons qui n'ont jamais existé ; elle peut amplifier ou amoindrir, multiplier et diviser, composer et façonner, en un mot, modifier en tous sens les objets que la nature lui présente ; mais à son plus haut degré d'énergie, elle ne saurait introduire dans ses ouvrages un seul élément de sa création ; elle doit tous ses matériaux à la nature, elle les tient tous de l'une de nos facultés primitives..... Hume dit qu'un homme qui aurait vu

(1) T. III, p. 26.
(2) T. III, p. 27; t. IV, p. 113 et suiv.
(3) T. IV, p. 114.
(4) T. IV, p. 115.
(5) T. IV, p. 121.

toutes les nuances d'une couleur, à l'exception d'une seule, pourrait cependant concevoir celle-ci; ce fait n'est point une exception, car les diverses nuances d'une couleur diffèrent en degrés et non point en nature. Il y a des conceptions qui ne sont que des copies soit d'objets individuels, comme de la ville de Londres, soit de généralités, comme de l'animal (1).

85. Nos conceptions peuvent être vives et fortes ou languissantes et faibles... Certaines passions, telles que la joie, l'espérance, l'ambition, semblent aiguiser la faculté de concevoir. D'autres, comme la tristesse, la douleur, l'envie, semblent l'émousser. Les hommes passionnés sont ordinairement vifs et agréables en conversation..... Il y a aussi une vigueur naturelle de l'âme qui donne de la force aux conceptions dans toutes les situations, et sur toutes sortes de sujets (2).

86. On peut concevoir très-nettement les objets individuels et n'avoir aucune facilité pour former des conceptions générales; et de là vient qu'on rencontre tant de personnes dont le jugement est sûr, pour les événements de la vie active, et qui ont même du talent pour la composition oratoire et poétique, et à qui les raisonnements abstraits sont impénétrables (3).

87. Les conceptions primitives sont complexes; c'est par l'analyse que nous arrivons aux conceptions simples (4).

88. Une figure géométrique n'est pas une chose qui existe, car elle serait un individu; elle est une pure conception de l'esprit (5).

89. Il y a deux espèces de suites de pensées: les unes

(1) T. IV, p. 122 et 132.   (4) T. IV, p. 133-4.
(2) T. IV, p. 127-8.   (5) T. IV, p. 226.
(3) T. IV, p. 131.

coulent d'elles-mêmes, les autres sont réglées et diri-
gées vers un but par un effort actif de l'esprit. Dans
l'esprit le mieux ordonné l'attention la plus vigoureuse
est vaincue par le caprice de certaines pensées opi-
niâtres (1).

90. Une suite de pensées qui nous a d'abord coûté
quelque peine, peut devenir spontanée par l'habitude (2).

91. Nous sommes doués, sans aucun doute, de la
faculté de distinguer une composition d'un amas de
matériaux, une maison, par exemple, d'un tas de
pierres, un tableau d'un mélange de couleurs; une
phrase d'un assemblage confus de mots..... Quelque
nom qu'on donne à cette faculté, qu'on la regarde
comme un exercice particulier du goût ou du jugement, elle paraît avoir une connexion intime avec les
suites régulières de pensées (3).

92. L'imagination de l'enfant, comme la main du
peintre, s'exerce longtemps à copier les ouvrages d'autrui, avant de produire une œuvre de sa façon. La faculté d'invention n'est pas encore née, mais elle s'an-
nonce déjà. Il n'y a pas de facultés plus inégalement
réparties entre les hommes : quand elle produit des
résultats qui excitent l'attention du genre humain, on
l'appelle génie ; à ce degré elle n'est le partage que d'un
très-petit nombre d'hommes. Elle excite dans ceux qui
la possèdent de nouvelles combinaisons régulières de
pensées (4).

ABSTRACTION.

93. Un des procédés par lesquels l'esprit se forme

(1) T. IV, p. 169.　　　(3) T. IV, p. 179.
(2) T. IV, p. 171.　　　(4) T. IV, p. 180-1.

des conceptions générales est celui qui analyse un sujet ou qui le résout en ses attributs, et que les philosophes appellent abstraction. Un second moyen consiste à observer qu'un ou plusieurs attributs sont communs à plusieurs sujets; on pourrait l'appeler généralisation; le plus souvent on le comprend dans l'abstraction (1).

94. L'analyse intellectuelle ne sépare pas les éléments comme l'analyse chimique (2).

95. De même que nous obtenons par l'analyse intellectuelle les conceptions les plus simples de l'entendement humain, c'est-à-dire les conceptions générales de chaque attribut des choses, de même, en combinant plusieurs de ces attributs en un tout, nous formons des conceptions complexes. C'est ainsi que nous formons l'idée du cube, d'une ferme, d'une paroisse, d'un canton, d'une armée (3).

96. La Vénus de Médicis n'est point une copie du bloc de marbre qui en a fourni la matière; cette belle statue en a été tirée par une opération manuelle, à laquelle on pourrait à la lettre donner le nom d'abstraction; par une abstraction d'un autre genre, l'entendement tire les notions mathématiques du bloc des perceptions sensibles (4).

JUGEMENT.

97. Le jugement, la croyance, ou la connaissance, précèdent la simple appréhension (5).

98. En séparant la conception d'avec le jugement, on serait porté à penser que la faculté de juger est la

---

(1) T. IV, p. 214.
(2) T. IV, p. 221-2.
(3) T. IV, p. 22-6.

(4) T. V, p. 130-1.
(5) T. II, p. 47-8.

même chez tous les hommes, et que ceux en qui elle se montre supérieure ne doivent cette supériorité qu'à des conceptions plus nettes, plus étendues, plus rapides..... l'entendement et le jugement ne seraient donc pas deux avantages divers, mais un seul et même don de la nature, qui ne les séparerait jamais (1).

99. Le jugement peut être défini, un acte de l'esprit par lequel une chose est affirmée ou niée d'une autre. Le jugement est une affirmation mentale (2).

100. Il y a beaucoup de notions ou idées dont la faculté de juger est la source unique, comme par exemple celle du jugement lui-même, de la proposition, du sujet, de l'attribut et de la copule, de l'affirmation et de la négation, du vrai et du faux, de la croyance, du doute, de l'opinion, de l'assentiment, de l'évidence (3).

101. Quand l'entendement est mûr, le jugement accompagne toujours la sensation, la perception externe, la conscience et la mémoire, mais il n'accompagne pas la conception. Je ne déciderai pas si le jugement se joint invariablement aux opérations des premières facultés, ou s'il en fait partie intégrante. Ce qu'il y a de certain, c'est que chacune d'elles est accompagnée d'une détermination de l'esprit sur la vérité ou la fausseté de telle ou telle chose et d'une croyance subséquente (4).

102. Nos jugements se rapportent à des choses nécessaires ou à des choses contingentes. Le tout est plus grand que sa partie; deux et deux font quatre : voilà des jugements qui ont pour objet des relations néces-

(1) T. IV, p. 131.
(2) T. V, p. 3-4.
(3) T. V, p. 7.
(4) T. V, p. 7-8.

saires. L'assentiment que nous donnons à des propositions de ce genre, n'est fondé sur aucune opération
actuelle des sens, de la mémoire, de la conscience;
il n'exige point leur concours; la conception seule l'accompagne, parce que sans elle il n'y a point de jugement possible. Ces jugements pourraient être appelés
jugements nécessaires ou jugements purs. Les jugements que nous portons sur les choses contingentes
sont appuyés sur quelque autre faculté de l'esprit, telle
que les sens, la conscience, la mémoire, la foi aux
témoignages des hommes, qui repose elle-même sur
l'autorité des sens (1).

103. Il y a exercice du jugement dans la formation
des notions générales les plus simples et des notions
complexes, qui naissent de la combinaison de notions
plus simples (2).

104. Les sens nous font connaître les objets sensibles à une époque où le jugement n'existe point encore;
aussi les premières notions sont-elles toutes complexes
et n'ont-elles rien d'exact ni de déterminé. Si un cube
est présenté à la fois à un enfant d'un an et à un
homme fait, et que l'homme découvre dans ce cube
ce que l'enfant n'y découvre pas, il est évident que
ce ne sera pas par le moyen des sens, mais par le
secours de quelque faculté que l'enfant ne possède pas
encore, faculté qui analyse et recompose (3).

105. Dans une émotion violente ce ne sont point
les sens, c'est le jugement qui est troublé (4).

106. Les idées des figures géométriques, de la ligne,
du point, de l'angle, du carré et celle de densité, de

(1) T. V, p. 8.
(2) T. V, p. 13-14.
(3) T. V, p. 18-20.
(4) T. V, p. 21.

poids, de vitesse, de fluidité, etc., sont inintelligibles pour les enfants... Elles ne sont donc pas le produit des sens, mais du jugement (1).

107. Ce n'est pas la conscience qui nous donne la notion exacte de nos opérations, mais la réflexion qui suppose le concours de la mémoire et du jugement (2).

108. Les notions de rapport se forment de deux manières : 1° en comparant les objets dont nous avons la conception préalable, comme : deux fois trois font six ; les angles à la base d'un triangle isocèle sont égaux ; 2° quand nous jugeons qu'un objet connu a nécessairement quelque rapport avec un autre qui nous est inconnu, et auquel peut-être nous n'avons jamais pensé auparavant, comme : la figure, la couleur, la pesanteur, sont des qualités qui ne sauraient exister hors d'un sujet ; un changement a une cause ; le corps ne peut exister sans espace. Les notions de rapport ont donc leur source dans le jugement. Les notions d'unité et de nombre sont si abstraites qu'elles supposent évidemment quelque degré de jugement (3).

JUGEMENTS CONTINGENTS.

109. 1° Tout ce qui nous est attesté par la conscience ou par le sens intime existe réellement (4).

110. 2° Les pensées dont j'ai la conscience sont les pensées d'un être que j'appelle *mon esprit*, *ma personne*, *moi* (5).

111. 3° Les choses que ma mémoire me rappelle distinctement, sont réellement arrivées (6).

(1) T. V, p. 21-3.
(2) T. V, p. 23-4.
(3) T. V, p. 25.

(4) T. V, p. 96.
(5) T. V, p. 101
(6) T. V, p. 106.

112. 4° Nous sommes certains de notre identité personnelle et de la continuité de notre existence, depuis l'époque la plus reculée que notre mémoire puisse atteindre (1).

113. 5° Les objets que nous percevons par le ministère des sens existent réellement, et ils sont tels que nous les percevons (2).

114. 6° Nous exerçons quelque degré de pouvoir sur nos actions et sur les déterminations de notre volonté (3).

115. 7° Les facultés naturelles, par lesquelles nous distinguons la vérité de l'erreur, ne sont pas délusoires (4).

116. 8° Nos semblables sont des créatures vivantes et intelligentes comme nous (5).

117. 9° Certains traits du visage, certains sons de la voix , certains gestes indiquent certaines pensées et certaines dispositions de l'esprit (6).

118. 10° Nous avons naturellement quelque égard aux témoignages humains en matière de faits, et même à l'autorité humaine en matière d'opinion (7).

119. 11° Beaucoup d'événements qui dépendent de la volonté libre de nos semblables ne laissent pas de pouvoir être prévus avec une probabilité plus ou moins grande (8);

120. 12° Dans l'ordre de la nature, ce qui arrivera ressemblera probablement à ce qui est arrivé dans des circonstances semblables (9).

(1) T. V, p. 106.
(2) T. V, p. 106.
(3) T. V, p. 107.
(4) T. V, p. 112.
(5) T. V, p. 115.

(6) T. V, p. 118.
(7) T. V, p. 123.
(8) T. V, p. 124.
(9) T. V, p. 125.

JUGEMENTS NÉCESSAIRES.

121. 1° La matière est divisible à l'infini (1).

122. 2° La matière est impénétrable : il est impossible que deux corps occupent à la fois le même lieu, ou qu'un corps soit en même temps dans des lieux différents, ou qu'il se meuve d'un lieu à un autre sans passer par les lieux intermédiaires (2).

123. 3° L'espace est indépendant des existences qu'il renferme (3).

124. 4° Le temps est absolu (4).

125. 5° Principes grammaticaux : Tout adjectif, dans une phrase quelconque, appartient à un substantif exprimé ou sous-entendu ; il n'y a pas de phrase complète sans verbe (5).

126. 6° Axiomes logiques : Il n'y a ni vérité, ni erreur dans un assemblage quelconque de mots qui ne forment pas une proposition ; toute proposition est vraie ou fausse ; une proposition ne peut pas être vraie et fausse en même temps ; le raisonnement qui roule dans un cercle ne prouve rien ; tout ce qui peut être affirmé d'un genre peut l'être de toutes les espèces et de tous les individus qui appartiennent à ce genre (6).

127. 7° Axiomes mathématiques. Par l'analyse, l'abstraction et la combinaison, l'homme a le pouvoir d'extraire des matériaux grossiers et confus des sens les formes élégantes et rigoureuses de la ligne, de la surface et du solide mathématique (7).

(1) T. IV, p. 4-6.
(2) T. IV, p. 6.
(3) T. IV, p. 7.
(4) T. IV, p. 61.

(5) T. V, p. 128.
(6) T. V, p. 129.
(7) T. V, p. 129-30.

128. 8° **Axiomes du goût** : Ce n'est nulle part une perfection dans l'homme de n'avoir point de nez, ou de n'avoir qu'un œil, ou d'avoir la bouche mal placée. On n'a jamais fait l'éloge de la beauté de Thersite (1).

129. 9° **Premiers principes de la morale** : Dans l'ordre du démérite, une action qui blesse la justice vient avant celle qui ne blesse que la générosité; dans l'ordre du mérite une action généreuse vient avant celle qui n'est que juste; on ne doit rejeter sur personne le blâme de ce qu'il n'a pu empêcher; nous ne devons point faire aux autres ce que nous trouverions injuste qu'ils nous fissent en pareille circonstance (2).

130. 10°. **Principes métaphysiques** : Les qualités sensibles, qui sont l'objet de nos perceptions, ont un sujet que nous appelons le *corps*, et les pensées dont nous avons la conscience ont un sujet que nous appelons *esprit*; tout ce qui commence à exister est produit par une cause; les marques évidentes de l'intelligence et du dessein dans l'effet prouvent un dessein et une intelligence dans la cause (3).

131. Toutes les vérités nécessaires sont des vérités abstraites, à l'exception d'une seule : celle de l'existence de Dieu, qui est à la fois une vérité de fait et une vérité nécessaire (4).

RAISONNEMENT.

132. Nous attribuons à la raison deux offices ou deux degrés : l'un consiste à juger des choses évidentes par elles-mêmes, l'autre à tirer de ce jugement des conséquences qui n'ont pas cette évidence; le premier est la

(1) T. V, p. 131.
(2) T. V, p. 134.
(3) T. V, p. 135-146.
(4) T. V, p. 95.

fonction propre et la seule fonction du sens commun. La
plus nombreuse partie des hommes ne possède pas d'autre degré de raison. Le sens commun est un pur don du
ciel, l'éducation ne saurait le communiquer; la raison
a son enseignement et ses règles, mais ces règles pré-
supposent le sens commun (1).

133. Il y a une différence réelle entre raisonner et
juger : raisonner est ce procédé de l'esprit, par lequel
nous passons d'un premier jugement à un autre, qui en
est la conséquence. Le jugement et le raisonnement sont
confondus dans la langue vulgaire sous le nom de raison :
le jugement est l'assentiment que nous donnons à une
proposition intuitive ou déduite; c'est le raisonnement
qui opère la déduction (2).

134. Cette faculté que nous appelons raison, et par
laquelle les hommes adultes et d'un esprit sain se distinguent des brutes, des idiots et des enfants, a été regardée dans tous les siècles, par les savants et les ignorants,
comme remplissant le double office de régler notre
croyance et de diriger nos actions (3).

135. Toute action délibérée est accomplie comme
moyen ou comme fin. On n'a jamais contesté qu'une
des fonctions de la raison ne fût de déterminer les
moyens les plus propres à atteindre les différents buts
que nous nous proposons; et il y a des buts que la
raison seule peut nous faire concevoir, c'est l'intérêt
bien entendu et le devoir (4).

GOUT INTELLECTUEL.

136. Il y a un goût naturel et un goût acquis : cela

(1) T. V, p. 42.   (3) T. VI, p. 120.
(2) T. V, p. 203.   (4) T. VI, p. 122.

est vrai du goût physique comme du goût intellectuel.
L'un et l'autre sont également soumis à l'influence de
l'habitude. — Parmi nos goûts naturels, les uns sont
purement animaux, comme le goût des couleurs vives
et brillantes, du bruit, des tours de force ou d'adresse ;
les autres sont rationnels ou intellectuels, tels que
l'amour et l'admiration qui s'attachent à ce qui a une
excellence réelle. Dans chaque opération du goût il y a
un jugement et un sentiment ; c'est le jugement qui détermine le sentiment. La beauté n'est pas dans l'âme
du spectateur, mais dans l'excellence de l'objet. — De
même qu'il y a une beauté originelle dans certaines
qualités morales ou intellectuelles, de même il y a une
beauté dérivée dans les signes naturels de ces qualités (1).

137. Tous les objets du goût sont beaux, désagréables ou indifférents. Il y a des beautés de mille espèces :
celle d'une démonstration, d'un poëme, d'un édifice,
d'un air, d'une forme. — Rien n'excelle dans quelque
ordre de choses que ce soit, qui n'ait sa beauté (2).

138. Le goût intérieur est dans son état de perfection, lorsque ce sont les choses qui ont le plus d'excellence dans leur espèce qui lui plaisent, et celles d'une
nature contraire qui lui déplaisent. L'homme qui a du
goût pour des choses obscènes, grossières, extravagantes,
a un goût dépravé. L'influence de la coutume, de l'imagination et des associations d'idées est également consi-
dérable sur l'un et l'autre goût (3).

139. Le goût est susceptible de progrès suivant l'âge :
chez les enfants il se borne aux couleurs brillantes,
aux ornements éclatants, aux formes régulières, aux

(1) T. V, p. 131-133.   (3) T. V, p. 255-6.
(2) T. V, p. 254.

bruits, aux figures de bonne humeur, et aux expressions d'une gaieté folle. Plus tard, leur goût s'attache
aux tours d'agilité, de force et d'adresse; plus tard
encore aux fables et aux histoires, dont ils commencent
à entrevoir la beauté morale; aux caractères et aux actions. Leurs facultés morales et intellectuelles commencent à s'éveiller, et chaque faculté produisant de nouvelles idées, met en lumière de nouvelles beautés, et
agrandit la sphère du beau (1).

140. Les objets du goût, suivant Addisson et Akenside, sont la nouveauté, la grandeur et la beauté (2).

Nouveauté.

141. Nous sommes constitués de telle sorte, qu'un
objet nouveau nous cause du plaisir par sa nouveauté
même, s'il n'est pas par lui-même désagréable. — Nous
sommes faits pour l'action et pour le progrès (3).

142. La curiosité est un principe capital de notre
constitution, et c'est la nouveauté qui est son aliment.
Ce principe est, selon toute apparence, la véritable
source du plaisir que la nouveauté nous cause (4).

143. On peut comparer la nouveauté à ce chiffre de
l'arithmétique qui augmente considérablement la valeur de ceux à la suite desquels on le place, mais qui
tout seul ne signifie rien du tout (5).

Grandeur.

144. L'émotion causée par les objets grands est sé-
rieuse, sévère et solennelle (6).

(1) T. V, p. 309.
(2) T. V, p. 260.
(3) T. V, p. 261-2.

(4) T. V, p. 263.
(5) T. V, p. 264.
(6) T. V, p. 265.

145. De tous les objets que notre intelligence peut contempler, l'Être suprême est le plus grand; l'émotion qu'il excite est ce qu'on appelle la dévotion, sentiment qui impose à l'homme des résolutions magnanimes, et qui le dispose aux actes les plus héroïques de la vertu (1).

146. La grandeur n'est autre chose qu'un degré d'excellence qui mérite notre admiration..... Les attributs de l'esprit sont l'objet naturel de l'estime; lorsqu'ils sont portés à un degré extraordinaire, ils deviennent l'objet de l'admiration (2).

147. Le sublime, dans le style, résulte à mon avis de l'expression naturelle de l'admiration et de l'enthousiasme (3).

148. Les vastes cieux, les planètes qui s'y meuvent, la terre et les mers immenses qui la baignent, ne se montrent à nous comme vraiment grands *que lorsque nous les considérons comme l'œuvre de Dieu* (4).

149. Un grand ouvrage n'est autre chose que l'ouvrage d'un grand pouvoir, d'une grande sagesse et d'une grande bonté, travaillant dans une grande fin. Or le pouvoir, la sagesse et la bonté sont des attributs de l'esprit, et nous attribuons à l'ouvrage la grandeur qui n'appartient qu'à l'artiste (5).

150. Après Dieu et ses ouvrages, ce que nous admirons le plus, ce sont les grands talents et les vertus héroïques (6).

151. Les objets des sens ne sont grands que parce qu'ils sont les effets ou les signes des qualités intellectuelles (7).

(1) T. V, p. 265.
(2) T. V, p 265-6.
(3) T. V, p. 270.
(4) T. V, p. 270.

(5) T. V, p. 271.
(6) T. V, p. 272.
(7) T. V, p. 273.

Beauté.

152. Parmi les qualités sensibles, la couleur, la forme, le son, le mouvement, sont susceptibles de beauté; il y a des beautés de style et des beautés de pensée, des beautés dans les arts et des beautés dans les sciences, dans les actions, dans les affections et dans les caractères.... Je crois la beauté aussi diverse que les objets où elle se rencontre; mais ces objets ont pour caractère commun 1° d'exciter en nous une émotion agréable; 2° de nous faire croire qu'il existe en eux quelque perfection, ou quelque excellence réelle (1).

153. L'analyse du sentiment du beau rend les mêmes éléments que celle du sentiment du doux : on y trouve d'abord une émotion agréable, puis la conviction qu'il existe au dehors une qualité réelle qui en est la cause (2).

154. L'anatomiste aperçoit dans le corps humain des beautés de mécanisme et de prévoyance qui sont à jamais voilées au regard de l'ignorant (3).

155. Nos jugements sur la beauté sont instinctifs ou rationnels : nous trouvons dans le plumage varié des oiseaux une beauté qui nous plaît, mais que nous ne pouvons définir. Le goût instinctif du beau varie d'une espèce à une autre, comme le goût physique, et est approprié dans chacune à sa destination particulière. C'est probablement lui qui détermine chaque animal à s'associer avec ceux de son espèce, à fixer sa demeure parmi certains objets plutôt que parmi d'autres, et à construire son habitation d'une certaine manière. C'est proba-

(1) T. V, p. 277-8.
(2) T. V, p. 282.
(3) T. V, p. 283.

blement aussi aux variétés du même goût, dans les individus d'une même espèce, qu'il faut attribuer la préférence qu'ils montrent dans le choix d'une compagne, aussi bien que l'amour qu'ils témoignent et les soins qu'ils prodiguent à leurs petits. Le jugement que nous portons sur une belle machine est un jugement rationnel; le jugement instinctif se change en jugement rationnel, toutes les fois que nous découvrons la perfection secrète dont la beauté de l'objet n'est que le symbole (1).

156. C'est une excellence réelle qui plaît au goût dans un poëme, dans un tableau, dans un morceau de musique. Il n'est point de perfection morale, intellectuelle ou physique, qui n'agrée à la personne qui la contemple. Ce qui est grand est l'objet propre de l'admiration; ce qui est beau, l'objet propre de l'amour et de l'estime. La beauté primitive appartient en propre aux qualités de l'esprit, et si les qualités des objets sensibles sont belles, c'est uniquement *comme signes*, expressions ou effets des premières (2).

157. La beauté appartient aux qualités morales qui sont les objets propres de l'amour et des affections douces, comme à la pureté, à la douceur, à la complaisance, à l'humanité, à l'amour de la patrie, aux affections de famille; la grandeur appartient aux vertus qui excitent l'admiration, comme à la magnanimité, à l'empire sur soi-même, au courage (3).

158. Les vertus, en tant que vertus, excitent l'approbation de la faculté morale; en tant qu'elles excitent l'admiration et l'amour, elles affectent le sens du beau (4).

(1) T. V, p. 284-7.　　　　(3) T. V, p. 291-292.
(2) T. V, p. 290.　　　　　(4) T. V, p. 292.

159. Les qualités intellectuelles ont une excellence réelle; certaines qualités et certains talents que nous rapportons au corps, ont aussi *une beauté et une grâce qui n'est point dérivée*, comme la santé, la force, l'agilité, l'adresse (1).

160. Les esprits échappent à notre vue; nous n'apercevons que les empreintes qu'ils déposent sur la face de la nature : c'est à travers ce milieu que se révèlent à nous la vie, l'activité, les qualités morales et intellectuelles des autres êtres (2).

161. Il n'est pas une des qualités du son qui ne soit le signe de quelque perfection dans l'instrument ou dans l'exécution. La beauté du son est à la fois le signe et l'effet de cette perfection, et la perfection de la cause est la seule raison assignable de la beauté de l'effet (3).

162. Toute mélodie qui plaît est une imitation des tons de la voix humaine dans l'expression d'un sentiment, ou de quelque autre bruit naturel, et la musique, comme la poésie, est un art d'imitation (4).

163. En ce qui touche les couleurs et les mouvements des êtres inanimés, il est des cas où le sens de la beauté me paraît purement instinctif : c'est de la sorte que les couleurs brillantes et les mouvements rapides me semblent plaire aux enfants et aux sauvages. Pour les personnes d'un goût plus développé, les mouvements et les couleurs peuvent tirer leur beauté de plusieurs principes. Les couleurs des objets naturels sont

(1) T. V, p. 292.   (3) T. V, p. 295.
(2) T. V, p. 293.   (4) T. V, p. 297.

ordinairement des signes de leurs qualités bonnes ou mauvaises (1).

164. De quoi se compose dans la figure humaine, et surtout dans celle des femmes, cette beauté que tout le monde aime et admire? Des symboles par lesquels se manifestent les affections douces. Toute marque de douceur, d'amabilité et de bienveillance est une beauté; au contraire, tout indice d'orgueil, de passion, d'envie et de malignité est une laideur (2).

FACULTÉS ACTIVES.

PUISSANCE ACTIVE EN GÉNÉRAL.

165. La puissance n'est ni un objet des sens ni un objet de la conscience. A la vérité, toute opération de l'esprit est l'exercice de quelque *pouvoir*; mais nous n'avons conscience que de l'opération (3).

166. Nous avons de très-bonne heure, en vertu de notre constitution, une conviction qu'il existe en nous quelque degré de puissance active. Cette croyance toutefois ne vient pas de la conscience : un homme frappé de paralysie, pendant la nuit, ignore qu'il ne peut plus mouvoir ses mains et ses bras, jusqu'à ce qu'il en fasse l'épreuve (4).

167. Les mots de puissance, de faculté active, sont employés par opposition aux mots de puissance et de faculté intellectuelle. Comme toutes les langues distinguent entre l'action et la connaissance, la même distinction s'applique aux pouvoirs qui produisent l'une et l'autre. Les facultés de voir, d'entendre, de se souvenir,

(1) T. V, p. 297.
(2) T. VI, p. 77.
(3) T. V, p. 322.
(4) T. V, p. 322-3.

de distinguer, de juger, de raisonner, sont des facultés intellectuelles ; la faculté d'exécuter un ouvrage de l'art est une faculté active (1).

168. Rien n'est en notre puissance de ce qui échappe à notre volonté ; la croissance du corps, la circulation du sang, etc., doivent avoir lieu par la puissance de quelque agent autre que nous, parce que tout cela n'est pas soumis à notre volonté. La puissance humaine ne peut donc être déployée que par la volonté, et nous sommes incapables de concevoir une puissance active exercée sans volonté (2).

169. Les effets de la puissance humaine sont directs ou indirects. On peut ramener les premiers aux deux suivants : donner certain mouvement à notre corps, imprimer certaines directions à nos pensées (3).

170. Nous n'apercevons aucune liaison nécessaire entre notre volition, *l'exertion de notre force* et le mouvement du corps qui la suit. La volition est un acte de l'esprit, mais exerce-t-elle une action physique sur les nerfs et les muscles, ou bien est-elle seulement l'occasion d'un effet produit sur cet instrument *par quelque autre force*, en vertu de lois établies par la nature ? C'est un secret pour nous, tant la perception de notre propre pouvoir devient obscur, lorsque nous voulons remonter à sa source. Nous avons de bonnes raisons de croire que la matière tire de l'esprit son origine aussi bien que tous ses mouvements, mais comment est-elle mue par l'esprit ? Comment a-t-elle été créée par lui ? Nous sommes aussi ignorants sur l'un de ces points que sur l'autre. Entre la volonté de pro-

(1) T. V, p. 328.
(2) T. V, p. 356.

(3) T. V, p. 368.

duire l'effet et la production, il peut y avoir des agents ou des instruments dont nous n'ayons pas connaissance (1).

VOLONTÉ.

171. La volonté est le pouvoir de se déterminer; le mot volition signifie l'acte de se déterminer. Dans la division générale de nos facultés en entendement et volonté, nos passions, nos désirs et nos affections sont compris sous le second terme, ce qui confond des choses très-différentes (2).

172. La volonté diffère du désir et du commandement (3).

173. Il arrive très-rarement que l'entendement et la volonté soient désunis dans l'action... Est-il possible que l'intelligence existe sans quelque degré d'activité ? C'est un problème difficile à résoudre, mais en fait elles concourent toujours ensemble dans les opérations de notre esprit.... La volonté joue un très-grand rôle dans l'attention, la délibération et le dessein (4).

174. Par la liberté d'un agent moral, j'entends le pouvoir qu'il exerce sur les déterminations de sa volonté (5).

175. Je ne sais jusqu'à quel point les animaux sont libres, mais il est certain qu'ils n'ont pas la faculté de se maîtriser. Celles de leurs actions qu'on peut appeler volontaires semblent déterminées par le principe actuel le plus puissant (6).

176. Les motifs ne sont ni causes ni agents; ils supposent une cause efficiente, sans laquelle ils ne peuvent

(1) T. V, p. 369-71.
(2) T. V, p. 379-80.
(3) T. V, p. 381-85.
(4) T. V, p. 398-99.
(5) T. VI, p. 186.
(6) T. VI, p. 186.

rien produire. Si l'on entend par le motif le plus fort
celui auquel on cède avec le plus de plaisir et l'on ré-
siste avec le plus de peine, nous disons que le motif le
plus fort ne prévaut pas toujours (1).

177. Les preuves de la liberté sont : 1° la conviction que nous avons de son existence; 2° la responsa-
bilité de nos actions; 3° les desseins que nous pour-
suivons par une longue série de moyens calculés pour
arriver à notrefin (2).

PRINCIPES D'ACTION.

178. Dans le sens rigoureux et philosophique des
mots, les actions d'un homme sont celles qu'il a préalablement conçues et voulues : tel est le sens dans lequel nous employons ce terme en morale; mais quand
il n'est pas question d'imputation morale, le mot prend
une acception plus étendue, et nous appelons actions
de l'homme beaucoup d'actes qu'il n'a préalablement
ni connus ni voulus... C'est dans ce sens populaire que
nous entendons par principe d'action tout ce qui nous
excite à agir (3).

179. Nous appelons *mécaniques* les principes d'action qui ne supposent ni attention, ni délibération, ni
volonté; *animaux*, ceux qui sont communs à l'homme
et à la brute; *rationnels*, ceux qui appartiennent en
propre à l'homme en tant que créature raisonnable (4).

PRINCIPES MÉCANIQUES.

180. On peut réduire les principes mécaniques d'action à deux espèces : les instincts et les habitudes;

(1) T. VI, p. 212-21.   (3) T. VI, p. 3-4.
(2) T. VI, p. 235-58.   (4) T. VI, p. 9.

l'instinct est une impulsion naturelle et aveugle qui nous porte à certaines actions sans que nous ayons de but devant les yeux, sans délibération, et très-souvent sans que nous ayons aucune idée de ce que nous faisons.

INSTINCTS.

181. La respiration, la succion, la déglutition, le cri, l'effroi de la solitude, surtout dans les ténèbres ; le tressaillement au moment de la chute, l'appréhension d'une figure sévère ou d'un ton de voix menaçant, et le plaisir à l'aspect d'un air de bonté et au son d'une voix douce et caressante sont des instincts (1).

182. La nature a départi à certains animaux divers instincts propres à leurs besoins : l'usage naturel de leurs armes de défense, la construction du nid et le choix du gîte ; le tissage des toiles et des cocons, la formation des magasins, la construction des ruches, des maisons et des écluses (2).

183. Instincts propres à l'homme, qui survivent à l'enfance : le mouvement qui suit la volonté, mais dont nous ignorons la cause prochaine, et qui, en conséquence, est attribué à l'instinct ; le mouvement des paupières ; le mouvement pour recouvrer l'équilibre ; l'acte de fermer les yeux, quand un objet les menace, exemple dans lequel l'instinct lutte contre la volonté(3) ; le mouvement instinctif et parallèle des yeux en variant un peu leur inclinaison pour faire tomber les deux axes visuels sur l'objet que nous regardons (4) ; le mouvement des muscles qui élèvent et qui abaissent les paupières, et qui modifient la conformation de l'œil pour l'accommoder à la distance variable des objets (5).

(1) T VI, p. 9-10
(2) T. VI, p 11.
(3) T VI, p 15-18.

(4) T. II, p. 204-8 et 273-74.
(5) T. II, p. 207.

184. Le penchant à l'imitation est en partie, sinon tout à fait, instinctif. L'imitation par le ciseau, le pinceau, la prose, la poésie, la pantomime, est l'effet de notre volonté; elle n'est pas instinctive; mais nous imitons les personnes qui vivent avec nous, sans qu'il y ait de notre part ni désir, ni volonté d'imiter, et nous reproduisons leur ton, leur accent, leurs locutions, leur bégaiement et leurs gestes (1).

185. Ce ne sont pas les paroles de témoin qui déterminent les enfants à croire, c'est sa croyance; leur croyance se règle sur la sienne; s'il doute, ils doutent de même; s'il est assuré, ils partagent son assurance (2).

186. La croyance à la stabilité de la nature est aussi un instinct (3).

187. Nous avons un penchant naturel à dire la vérité. Ce principe agit sur les plus menteurs, car pour une fois qu'ils mentent, ils disent cent fois la vérité.... Sans cet instinct, aucune connexion n'aurait pu être établie entre tel mot et telle pensée (4).

HABITUDE.

188. L'habitude diffère de l'instinct, non dans sa nature, mais dans son origine : l'instinct est naturel, l'habitude est acquise; tous les deux agissent, indépendamment de notre volonté, de notre intention, de notre pensée; l'habitude donne, non-seulement de la facilité, mais encore du penchant, de l'inclination à faire l'acte. On ne peut vaincre une habitude que par une habitude contraire (5).

(1) T. VI, p. 19.
(2) T. VI, p. 20-23.
(3) T. VI, p. 23-24.
(4) T. II, p. 346-347.
(5) T. VI, p. 24-25.

189. L'imagination la plus heureuse a besoin du secours de l'habitude, et n'obéit promptement que sur les sujets où l'esprit s'est exercé. Effets de l'habitude : l'exécution musicale ; l'élocution oratoire ; l'habileté de l'improvisateur qui fait cent vers en se tenant sur un pied, du joueur d'échecs qui suit plusieurs parties à la fois sans regarder l'échiquier (1).

PRINCIPES ANIMAUX.

190. Les principes animaux sont ceux qui agissent sur notre volonté, mais qui ne supposent aucun exercice du jugement, ni de la raison ; ils comprennent les appétits, les désirs et les affections (2).

191. Les appétits sont accompagnés d'une sensation désagréable qui leur est propre ; ils sont périodiques, s'apaisent par la possession et renaissent après des intervalles déterminés. Tels sont : la faim, qui contient une sensation désagréable et un désir de nourriture ; la soif, l'appétit du sexe, composés aussi d'une sensation et d'un désir (3).

192. La sensation désagréable est probablement tout ce que les enfants éprouvent quelques instants après leur naissance (4).

193. La nature a donné à chaque animal, non-seulement un appétit qui le porte vers les aliments, mais encore un goût et un odorat, au moyen desquels il distingue ce qui lui convient. La chenille, parmi des feuilles d'espèces différentes, choisit celles qui lui sont appropriées par la nature (5).

194. L'énergie de nos appétits naturels peut s'aug-

(1) T. IV, p. 183-5.
(2) T. VI, p. 31.
(3) T. VI, p. 32.

(4) T. VI, p. 33.
(5) T. VI, p. 34.

menter par l'usage et s'affaiblir par l'abstinence (1).

195. L'homme peut manger par appétit ou seulement pour flatter son goût (2).

196. Considérés en eux-mêmes, les appétits ne sont ni des principes de sociabilité, ni des principes d'égoïsme. Un appétit nous attire vers son objet, sans aucune vue du bien et du mal que cet objet peut faire; il n'implique pas plus l'amour de soi que la bienveillance pour les autres; l'appétit conduit souvent un homme à des actes nuisibles; dire que cet homme agit ainsi par amour de soi-même, c'est pervertir la signification des mots (3).

197. Le besoin du repos et le besoin de l'action, soit du corps, soit de l'esprit, ressemblent beaucoup aux appétits, bien qu'ils n'en portent pas le nom; nous pouvons appeler ce motif d'action : *principe d'activité* (4).

198. L'usage réitéré des excitants qui agissent sur le système nerveux engendre la langueur et le désir de renouveler ces émotions. L'homme se crée ainsi des appétits factices (5).

Désirs.

199. Les désirs se distinguent des appétits: 1° en ce qu'ils ne sont pas accompagnés d'une sensation désagréable; 2° en ce qu'ils ne sont pas périodiques, mais constants (6).

200. Les désirs, comme les appétits, ne sont en eux-mêmes ni vertueux, ni vicieux. Notre devoir est de les régler quand ils sont en lutte avec des principes plus importants; mais tenter de les déraciner, ce serait

(1) T. VI, p. 34.
(2) T. VI, p. 35.
(3) T. VI, p. 36.
(4) T. VI, p. 36-38.
(5) T. VI, p. 38.
(6) T. VI, p. 41.

vouloir se couper un bras ou une jambe, c'est-à-dire substituer une autre créature à celle de Dieu..... Quand on désire le pouvoir pour lui-même, et non comme moyen de parvenir à quelque autre but, ce désir n'est ni égoïste ni sociable (1).

201. Une vertu parfaite et un parfait savoir rendraient les appétits et les désirs tout à fait inutiles dans notre constitution; mais comme la vertu et la science humaines ont beaucoup d'imperfections, elles ont besoin d'auxiliaires (2).

202. Les actions inspirées par les désirs obtiennent un degré de sympathie que ne provoquent pas celles qui viennent de l'appétit. Alexandre mérita le titre de grand dans les premières années de sa vie, parce qu'il fit prédominer les désirs sur les appétits; ce fut le contraire lorsqu'il se livra uniquement à la satisfaction des appétits sensuels (3).

203. On peut se faire des désirs factices, par l'effet de l'habitude ou des associations d'idées. Par exemple, l'argent étant l'instrument au moyen duquel on se procure presque tous les objets qu'on peut désirer, quelques hommes perdant de vue la fin, bornent leurs désirs au moyen (4).

Désir du pouvoir.

204. Dans un troupeau de gros bétail, il y a des rangs et une hiérarchie. Quand on y produit un nouveau venu, il faut qu'il se batte contre chacun de ses compagnons avant que son rang soit fixé. Il cède à ceux qui sont plus forts que lui, et prend autorité sur

(1) T. VI. p. 45.   (3) T. VI, p. 47.
(2) T. VI, p. 46.   (4) T. VI, p. 49-50.

ceux qui sont plus faibles ; il en est à peu près de même
de l'équipage d'un vaisseau...... Quand on recherche
les titres, la fortune, la sagesse, l'éloquence, la vertu
ou l'apparence de ces mérites comme moyens de pouvoir, ils sont les objets propres du désir du pouvoir.
Une foule d'hommes sacrifient le repos et tous les autres
biens à l'ambition du pouvoir...... Comment supposer
qu'ils soient assez absurdes pour sacrifier la fin aux
moyens (1).

205. Quand les hommes désirent le pouvoir pour
lui-même, abstraction faite du plaisir de l'emporter
sur leurs rivaux, ce désir est l'ambition. L'émulation
se contente de la supériorité soit en pouvoir, soit en
toute autre chose digne d'estime (2).

Désir d'estime.

206. Ce désir, qui n'est pas particulier à l'homme,
puisqu'un chien est fier de l'approbation de son maître,
est cependant beaucoup plus sensible dans l'espèce humaine. De là vient que si peu d'hommes sont à l'é-
preuve de la flatterie quand elle n'est pas trop gros-
sière. Il y a peu de maux qui soient plus difficiles à
supporter que le mépris (3).

207. Les hommes aspirent à une gloire qui leur sur-
vive, gloire qui ne peut leur procurer aucun plaisir,
et qui par conséquent est désirée pour elle-même.
Épicure lui-même, tout en croyant qu'il n'existerait pas
au delà du tombeau, enjoignit à ses héritiers de célébrer annuellement sa naissance, et de donner tous les
mois une fête à ses disciples. Cicéron observe avec jus-

(1) T. VI, p. 41-5.
(2) T. VI, p. 79-80.
(3) T. VI, p. 42.

tesse que la doctrine de ce philosophe était réfutée dans son testament (1).

Désir de la connaissance.

208. Ce qu'on appelle connaissance dans les animaux est si peu de chose, que le désir qui s'y rapporte ne doit pas faire chez eux grande figure ; cependant un chat porté dans une nouvelle habitation, en examine soigneusement tous les recoins, et se montre curieux de connaître toutes les cachettes qui s'y trouvent, et toutes les avenues qui y conduisent. On pourrait observer le même manége dans les espèces qui sont chassées par l'homme ou d'autres animaux. C'est la curiosité qui occupe chez les enfants la plus grande partie des heures qu'ils passent tout éveillés. La nouveauté est certainement une des sources les plus abondantes des plaisirs du goût. L'un se livre aux études du philosophe et de l'homme de lettres, l'autre veut savoir tous les propos du village (2).

Affections.

209. Il y a dans l'homme des principes d'action qui ont une personne ou un être animé pour objet immédiat. Ils se divisent en affections bienveillantes et affections malveillantes (3).

Affections bienveillantes.

210. Les affections bienveillantes se ressemblent en ce que l'émotion qui les accompagne est toujours

(1) T. VI, p. 42.   (3) T. VI, p. 53-55.
(2) T. VI, p. 44.

agréable, et en ce qu'elles renferment toutes un désir
bienveillant pour leur objet. Elles diffèrent par la nature de l'émotion et par les objets qui les excitent. Les
affections que nous éprouvons pour notre père, notre
enfant, notre bienfaiteur, notre maîtresse ou un malheureux, diffèrent par les émotions qu'elles causent
dans l'âme, quoique nous n'ayons pas de noms pour
exprimer la diversité de ces émotions (1).

211. Les affections bienveillantes ne rentrent pas
plus dans l'égoïsme que la faim et la soif, et sont tout
aussi indispensables à la conservation de l'espèce humaine (2).

212. Si l'on pensait qu'il manque quelque chose à
la liste d'affections, proposée par l'auteur, il serait loin
de repousser cette critique (3).

213. Les affections bienveillantes nous portent à
faire tout le bien possible à l'objet aimé, à lui sou-
haiter tout le bien que nous ne pouvons pas lui procurer par nous-mêmes, à juger de lui avec faveur,
souvent avec partialité, à nous affliger de ses chagrins
et de ses malheurs, et à nous réjouir de ses joies et de
son bonheur (4).

214. Une tendre mère peut apercevoir dans son enfant, et un auteur dans son ouvrage, des beautés invi-
sibles au reste des hommes. En pareil cas l'affection
préexiste; elle corrompt le jugement et lui persuade
de déclarer l'objet qu'elle adore, digne du culte qu'elle
lui rend. Lorsque l'affection n'est point entraînée par
quelques penchants naturels ou acquis, elle reste à son
rang et suit le jugement au lieu de le précéder (5).

(1) T. VI, p. 55.
(2) T. VI, p. 59.
(3) T. VI, p. 73.
(4) T VI, p. 74.
(5) T. V, p. 310.

Affections de famille.

215. Elles comprennent l'affection des parents pour les enfants, celle des enfants pour leurs parents, et les autres affections du sang (1).

216. Les affections de la nature nous sont communes avec la plupart des brutes. Chez tous les animaux que nous connaissons, l'affection paternelle atteint rapidement son but, puis elle disparaît entièrement, et on n'en aperçoit plus de traces; chez l'homme elle ne se termine qu'à la mort de l'enfant, et elle s'étend même jusque sur les enfants des enfants. La métamorphose d'une jeune femme qui devient mère est l'ouvrage de la nature, et non point le fruit de la raison et de la réflexion, car le vice la subit comme la vertu, et la sagesse comme l'étourderie (2).

217. Si la charge d'élever un enfant est transférée de la mère à une autre personne, la nature semble transférer l'affection avec la tâche. Une nourrice, et même une sevreuse ont ordinairement pour l'enfant qui leur est confié la même affection que si elles l'eussent mis au jour (3).

218. La tendresse du père pour ses enfants n'est pas l'effet du raisonnement ni de la réflexion, mais de la constitution que la nature lui a donnée... Loin que l'affection paternelle naisse de l'opinion du mérite de l'enfant, c'est elle qui crée cette opinion (4).

Reconnaissance.

219. Par la constitution de notre nature, le bien-

(1) T. VI, p. 59.
(2) T. VI, p. 60-1.
(3) T. VI, p. 62.
(4) T. VI, p. 63.

fait produit un sentiment de bienveillance envers le bienfaiteur, chez les bons comme chez les méchants (1).

220. Répandre les sentiments de bienveillance parmi les hommes, telle est la destination de la re-connaissance (2).

221. S'il y a chez la brute quelque sentiment qu'on puisse appeler reconnaissance, ce sentiment ne s'atta-che qu'à l'action ; chez l'homme la reconnaissance remonte à l'intention. Le bienfait est ce qui dépasse la justice, et il ne paraît pas que les brutes aient aucune conception de justice (3).

Pitié.

222. Nous ne sympathisons pas avec la personne que nous haïssons, ni même avec celle qui nous est indifférente. Si l'une ou l'autre personne tombe dans la détresse, nous pouvons éprouver de la sympathie pour elle, mais c'est la pitié qui est ici la cause de la sympathie (4).

Estime pour la sagesse et la bonté.

223. Les hommes les plus corrompus ne peuvent s'empêcher d'éprouver de l'estime pour la sagesse et la bonté ; le respect, la vénération, la dévotion sont autant de nuances de cette affection, qui a pour objet le plus élevé la puissance et la bonté infinie (5).

Amitié.

224. La nature humaine est susceptible d'éprouver,

(1) T. VI, p. 64.
(2) T. VI, p. 65.
(3) T. VI. p 65.
(4) T. VI, p. 74.
(5) T. VI, p. 68.

pour une ou plusieurs personnes, cet attachement, cette sympathie, cette affection sans limites, que les anciens croyaient seuls dignes du nom d'amitié (1).

Amour.

·225. C'est probablement une variété du sens du beau qui détermine le choix d'une compagne (2).

226. Les éléments de l'amour sont très-divers ; mais il n'y a pas d'amour sans un très-haut degré d'affection bienveillante pour l'objet aimé, dans lequel l'amant admire ou imagine tous les charmes ou toutes les perfections humaines, et souvent même quelque chose de plus. La destination évidente de ce principe est de porter l'homme à se choisir une compagne, avec laquelle il désire vivre et élever une famille (3).

Esprit public.

227. Tout homme éprouve cette affection à quelque degré : quel est celui qui n'est pas piqué d'une épigramme contre son pays ou contre le corps dont il est membre (4).

Affections malveillantes.

228. Il y a en nous deux principes qu'on peut considérer comme malveillants : ce sont l'émulation et le ressentiment. Dieu nous les a donnés pour de bonnes fins, et ils ne produisent que de bons effets quand ils sont bien réglés ; mais comme leur excès est très-commun, et qu'il est la source de toute malveillance, on peut les appeler affections malveillantes. Si l'on pense

(1) T. VI, p. 69.
(2) T. V, p. 285.
(3) T. VI, p. 69-70.
(4) T. VI, p. 71-73.

qu'ils méritent un nom moins sévère, puisqu'ils peuvent se développer sans malveillance selon l'intention de la nature, l'auteur ne conteste pas cette opinion (1).

Émulation.

229. L'émulation est un désir de supériorité sur nos rivaux, dans une carrière quelconque, accompagnée de déplaisir quand nous nous voyons surpassés (2).

230. C'est au désir de supériorité qu'il faut rapporter la médisance (3).

231. Ici, comme en tout, le mal est l'abus du bien (4).

Ressentiment animal.

232. Quand on nous fait du mal, la nature nous dispose à résister et à rendre la pareille. Indépendamment de la douleur corporelle, l'esprit est blessé, et nous éprouvons un désir de nous venger sur l'auteur du mal ou de l'offense; c'est ce que nous appelons colère ou ressentiment. Il faut distinguer entre le ressentiment subit et instinctif et le ressentiment réfléchi : celui-ci ne provient que d'une offense réelle ou supposée; le premier naît d'un simple dommage. Ces deux sortes de ressentiments s'élèvent dans notre âme, soit que le dommage ou l'offense nous concerne, soit que l'un ou l'autre regarde les personnes qui nous intéressent (5).

233. Dans tout animal qui a reçu de la nature le pouvoir de nuire à son ennemi, nous voyons un effort pour rendre le mal qu'on lui fait : une souris même

(1) T. VI, p. 78-9.   (4) T. VI, p. 83.
(2) T. VI, p. 79.   (5) T. VI, p. 83-4.
(3) T. VI, p. 82.

mordra si elle ne peut fuir..... Quelques-uns des animaux les plus intelligents peuvent être provoqués à une
colère furieuse et la conserver longtemps. Plusieurs
montrent, dans la défense de leurs petits, une violente
animosité dont ils donnent à peine un signe quand il
ne s'agit que de leur propre salut; d'autres repoussent
les attaques contre le troupeau auquel ils appartiennent : les abeilles défendent leurs ruches, les bêtes fé-
roces leurs tanières et les oiseaux leurs nids. Ce ressentiment soudain agit dans les hommes comme le mouvement instinctif qui les porte à recouvrer leur équilibre
quand ils l'ont perdu; il augmente souvent la force
musculaire..... Le mouvement pour recouvrer l'équilibre est défensif; le ressentiment subit est offensif (1).

234. Il s'exerce quelquefois contre les objets inanimés (2).

235. La raison nous dit que c'est l'offense, et non
le dommage, qui est le légitime objet du ressentiment; mais le ressentiment animal prend les de-
vants (3).

Passion.

236. La passion n'exprime pas un état constant et
habituel de l'âme, mais quelque chose d'accidentel et
de passager comme une tempête (4).

237. Elle donne souvent au corps un degré de force
et d'agilité bien supérieur à celui qu'il possède dans les
moments ordinaires..... Elle dirige notre esprit vers les
objets dont elle est occupée, et nous laisse à peine la
liberté de songer à autre chose; elle augmente notre

(1) T. VI, p. 85-6.   (3) T. VI, p. 89-90.
(2) T. VI, p. 87.   (4) T. VI, p. 92.

pénétration pour tout ce qui peut la satisfaire, et nous
aveugle sur tout ce qui peut la contrarier (1).

238. Les passions ne sont pas une certaine classe de
principes d'action, mais un certain degré de véhémence,
auquel les affections et les désirs peuvent être portés (2).

239. Le désir, l'aversion, l'espérance, la crainte, la
joie, la tristesse, sont les modifications de tous les principes d'actions (3).

Disposition. -

240. C'est un état de l'esprit qui, pendant toute sa
durée, nous incline à obéir de préférence à certains
principes d'actions..... Les principes qui ne sont pas
périodiques ont eux-mêmes une sorte de flux et de re-
flux, causés par les dispositions successives dans lesquelles tombe l'esprit. Parmi les principes d'actions, il
en est qui ont entre eux de l'affinité; en sorte que,
quand l'un gagne de l'influence, il excite tous ceux qui
ont avec lui cette affinité (4). Les dispositions d'esprit sont
dues soit à cette affinité, soit à des événements heureux
et malheureux, soit à l'état du corps. De là la bonne
et la mauvaise humeur; de là encore la confiance en
soi-même et la timidité (5).

241. Il est une confiance qui vient de ce qu'on s'attribue des talents ou des vertus qu'on n'a pas, ou qu'on
attache une trop grande valeur à quelque avantage
qu'on possède. Cette confiance est l'orgueil proprement
dit, qui est la source d'une foule de vices odieux, tels

(1) T. VI, p. 93.   (4) T. VI, p. 105.
(2) T. VI, p. 96.   (5) T. VI, p. 106-8.
(3) T. VI, p. 97.

que l'arrogance, l'injuste mépris des autres, la présomption et l'amour-propre (1).

242. Il est une défiance qui est le contraire de l'élévation, qui détend les ressorts de notre âme, et glace tous les sentiments capables de nous conduire à de nobles entreprises. La défiance peut naître de la mélancolie, sorte de maladie de l'âme, qui procède de l'état du corps, qui jette une nuit lugubre sur tous les objets de la pensée, affaiblit tous les ressorts de l'activité, et donne souvent naissance à des rêves bizarres et absurdes, comme celui de Simon Brown, qui croyait n'avoir plus d'âme (2).

PRINCIPES RATIONNELS.

243. Ces principes sont ainsi nommés parce qu'ils ne peuvent exister que dans un être raisonnable. Leurs opérations requièrent non-seulement la volonté, mais encore le jugement ou la raison. Ces principes sont au nombre de deux : l'intérêt bien entendu et le devoir (3).

Intérêt bien entendu.

244. Quand nous apprenons à saisir le lien des événements et les conséquences de nos actions, et que nous embrassons d'un seul coup d'œil notre existence passée, présente et future, nous corrigeons nos premières idées du bien et du mal, et nous nous élevons à la notion de l'intérêt bien entendu (4).

245. Un homme peut manger par simple appétit, et c'est ainsi que mangent ordinairement les brutes; il

(1) T. VI, p. 108.
(2) T. VI, p. 109-10.
(3) T. VI, p. 119-22.
(4) T. VI, p. 123-24.

peut manger pour flatter son goût, bien qu'il ne sente
pas l'aiguillon de la faim , et probablement les brutes
peuvent l'imiter encore sur ce point; enfin il peut
manger pour raison de santé, quand ni l'appétit, ni le
goût ne l'y invite : la brute ne paraît pas capable de
suivre cet exemple (1).

246. Il peut arriver qu'un appétit soit combattu par
un intérêt éloigné, ou par une considération de bien-
séance ou de devoir. Dans ce cas, l'homme ne pourrait
soustraire sa volonté à l'influence d'un puissant appétit,
s'il n'avait pas l'empire de soi. Les animaux n'ont pas
un pareil empire, et dans leur constitution, c'est la
passion actuelle la plus forte qui triomphe toujours (2).

247. Le commerce et l'invention des instruments
sont deux idées dont les bêtes ne sont pas capables (3).

248. Un chien peut s'abstenir de manger ce qui est
devant lui par la crainte du châtiment qu'on lui a in-
fligé en pareille circonstance, mais il ne s'en abstien-
dra pas par considération de santé ni pour quelque avantage éloigné. Un singe ayant été enivré se brûla le pied
et ne voulut plus boire que de l'eau pure : c'est là le
point le plus élevé auquel les facultés des bêtes puissent atteindre (4).

Sens du devoir.

249. 1° L'intérêt bien entendu ne serait pas une
règle de conduite suffisamment claire; 2° il n'élèverait
pas le caractère de l'homme au degré de perfection
dont il est susceptible; 3° il ne procurerait pas à lui

(1) T. VI, p. 35.   (3) T. VI, p. 366.
(2) T. VI, p. 39-40.   (4) T. VI, p. 113.

seul tout le bonheur qu'il procure quand il est associé à un autre principe rationnel (1).

250. La notion du devoir est trop simple pour être définie (2).

251. Le devoir se distingue : 1° de l'intérêt ; 2° de l'honneur; 3° de l'éducation, de la mode, des préjugés et des habitudes (3).

252. Le mot devoir exprime ce que les Grecs appelaient τὸ καλόν, et les Latins *honestum* (4).

253. La notion du devoir ne représente ni une qualité de l'acte, ni une qualité de l'agent, mais une relation entre l'agent et l'acte (5).

254. Il est nécessaire que la personne obligée soit douée d'entendement, de volonté, et de quelque degré de puissance active (6).

255. Nous ne sommes pas obligés à l'action d'autrui, c'est-à-dire à l'action qui ne dépend pas de notre volonté (7).

256. Notre espèce possède une faculté originelle en vertu de laquelle, quand nous sommes arrivés à l'âge de raison, non-seulement nous acquérons la notion du bien et du mal en général, mais encore nous reconnaissons que certains actes sont bons et certains autres mauvais (8).

257. Toute action humaine considérée sous le point de vue moral, nous paraît bonne, mauvaise ou indifférente (9).

258. Les jugements moraux sont suivis d'affections

(1) T. VI, p. 136-42.
(2) T. VI, p. 143.
(3) T. VI, p 145.
(4) T. VI, p. 147.
(5) T. VI, p. 149-50.

(6) T. VI, p. 151.
(7) T VI, p. 150
(8) T. VI, p. 152.
(9) T. VI, p. 155.

bienveillantes ou malveillantes et d'émotions de plaisii ou de peine (1).

259. Comme toutes nos facultés, le sens du devoir se développe par degrés, et sa vigueur naturelle peut être considérablement augmentée par une culture convenable (2).

260. C'est une faculté particulière à l'homme, nous n'en apercevons aucun vestige dans les animaux (3).

261. La conscience est à la fois une faculté active et une faculté intellectuelle (4).

262. Principes généraux de la morale : 1° certains actes méritent l'approbation, d'autres le blâme et cela à différents degrés ; 2° ce qui n'est pas volontaire ne peut mériter ni le blâme, ni l'approbation ; 3° il en est de même de ce qui dérive d'une nécessité inévitable ; 4° on peut être coupable par omission comme par action ; 5° nous ne devons négliger aucun moyen pour connaître notre devoir ; 6° quand nous avons connu notre devoir, il faut songer à l'accomplir (5).

263. Principes moins généraux : 1° préférer un plus grand bien même éloigné à un moindre ; 2° nous conformer dans notre conduite aux intentions de la nature, telles qu'elles se révèlent dans notre constitution ; 3" nous considérer comme un membre de la grande société humaine et des sociétés inférieures auxquelles nous appartenons, telles que la patrie, la province, le cercle de nos amis, la famille ; et faire à ces différentes sociétés le plus de bien et le moins de mal possible ; 4° faire ce que nous approuvons ; éviter ce que nous désapprouvons dans

(1) T. VI, p. 160 et suiv.   (4) T. VI, p. 179 et suiv.
(2) T. VI, p. 169.   (5) T. V, p. 297-300.
(3) T. VI, p. 174 et suiv.

les autres : cette loi comprend les rapports durables du père à l'enfant, du maître au serviteur, du magistrat à l'administré, du mari à la femme, et les rapports transitoires du riche au pauvre, du vendeur à l'acheteur, du débiteur au créancier, du bienfaiteur à l'obligé, de l'ami à l'ami; elle renferme tous les devoirs de charité et même ceux de politesse; elle contient enfin les devoirs envers soi-même : tels que la prudence : la tempérance, le courage et l'empire de soi; 5° honorer Dieu : la connaissance de Dieu communique à chacun de nos devoirs l'autorité d'une loi divine; 6° faire céder la générosité gratuite à la reconnaissance, et toutes les deux à la justice, la bienfaisance à la compassion, la prière aux bonnes œuvres; les actes qui doivent être sacrifiés, lorsqu'il y a compétition, sont ceux qui ont le plus de valeur intrinsèque (1).

264. Tout homme a le droit de se faire une propriété permanente et d'en disposer, mais c'est sous la réserve que personne ne sera privé par là du moyen nécessaire à son existence. Le droit de l'innocent sur les choses nécessaires à sa vie est de sa nature supérieur au droit du riche sur sa richesse, alors même qu'elle a été honnêtement acquise; l'usage de la richesse est de subvenir à des besoins futurs et éventuels, or ceux-ci disparaissent devant une nécessité certaine et présente (2).

265. Si l'on admet l'obligation de faire ce qui tend au bien général, pourquoi n'admettrait-on pas l'obligation plus directe et plus simple de ne faire tort à personne ? L'existence de l'une n'est pas moins évidente que celle de l'autre dans la constitution humaine (3).

(1) T. VI, p. 295-309.   (3) T. VI, p. 379.
(2) T. VI, p. 367-368.

266. Dans l'enfance nous sommes entraînés à la véracité par un instinct naturel; dans l'âge mûr le devoir nous prescrit la fidélité à nos engagements, comme il nous prescrit toute autre vertu (1).

(1) T. VI, p. 393.

SECONDE PARTIE.

CRITIQUE.

I. DE LA MÉTHODE.

La destruction de l'hypothèse philosophique des idées, la théorie de la perception extérieure, l'énumération et la description des facultés *actives*, tels sont les trois grands travaux qui ont fait la gloire de Thomas Reid. Le dernier, qui n'était pas moins neuf dans la science que les deux autres, a donné lieu à peu de contestations et laisse peu de chose à désirer. On a contesté l'importance du premier : Dugald Stewart, et plus récemment M. Hamilton, ont vengé leur maître de cette injustice ; je ne reviendrai pas sur une question épuisée. En parcourant les différents points qui me paraîtront n'avoir pas encore appelé la critique, je porterai principalement mon attention sur la théorie de la perception, et sur celle des jugements contingents et des jugements nécessaires, qui se complètent l'une par l'autre, et contiennent toutes les vues de Reid sur les facultés intellectuelles.

Je commencerai par l'examen de la méthode de l'illustre Écossais. Les défauts que j'aurai à signaler dans le reste de sa philosophie, ne sont que les résultats du vice de sa méthode. Mes critiques ultérieures ne seront donc que les développements de cette première critique, et c'est là ce qui constituera l'unité de cet écrit.

Reid commence par des définitions et des axiomes [1-2](1); mais ce n'est que dans les sciences de combinaison, telles que la géométrie ou la morale, qu'il est nécessaire et possible de poser des définitions et des axiomes au point de départ. Dans les sciences d'analyse, les définitions et les axiomes sont au terme de la carrière. Quelles définitions et quels axiomes la physique, par exemple, pourrait-elle établir en commençant? Elle a précisément pour but la recherche des axiomes physiques, et elle ne pourra définir les mots par elle employés, qu'en même temps qu'elle exposera les faits et les lois exprimés par ces mots. Ainsi notre philosophe définit les mots *esprit*, *opérations de l'esprit*, *facultés*, *penser*, *percevoir*, *conscience*, *concevoir*, *imaginer*, *idée*, *impression*, *sensation*; et il pose, pour axiomes, la certitude de la conscience, de la mémoire et de la réflexion, la connaissance de notre existence et de notre identité; la notion de substance et de qualité; l'infaillibilité de la perception, et l'autorité du témoignage universel. Je demande de quelles matières il va traiter après ces prolégomènes : s'il a réussi à faire comprendre les choses exprimées par les mots définis, et à faire admettre les principes psychologiques qu'il appelle des axiomes, sa tâche est remplie et il peut poser la plume; mais nous voyons que tout le reste de l'ouvrage traite de la perception, de la mémoire, des premiers principes de vérité contingente et de vérité nécessaire : on ne lui avait donc

(1) Ces numéros renvoient aux paragraphes de notre exposé de la doctrine de Reid.

pas accordé ses axiomes et l'on n'était pas assez instruit pour bien comprendre ses définitions de mots.

D'un autre côté, pour nous enseigner à découvrir les facultés de l'âme, il ne suffit pas de dire qu'on doit observer les phénomènes et les rapporter à des causes réelles et adéquates [5]; il faut encore nous montrer à distinguer les phénomènes les uns d'avec les autres, afin que nous sachions le nombre exact des causes qui doivent figurer dans l'explication scientifique. Par exemple, Reid observe et décrit fort bien le jugement [97-108] : il le rapporte à une faculté de juger [100], qui sera sans contredit adéquate à l'effet, si elle est réelle; mais comme l'auteur ne prend pas le soin d'examiner si le jugement diffère de la perception et de la mémoire en nature ou en degré, il demeure indécis sur la question de savoir s'il existe une faculté de juger distincte de la faculté de se souvenir et de la faculté de percevoir [100, 101, 104, 107-109, 111, 113]. Ce grand penseur n'a donc pas bien saisi, ou du moins bien appliqué la méthode de Bacon, dont il est cependant le panégyriste. Les trois tables dressées par Bacon, et les exclusions successives qu'il recommande, ont pour but de faire distinguer, parmi les phénomènes, ceux qui, s'accompagnant sans cesse et se trouvant toujours dans la même proportion, doivent être rapportés à une seule et même cause, et de faire attribuer à des causes différentes ceux qui se séparent dans l'expérience, ou se présentent ensemble, mais dans des proportions inverses. Hors de cette méthode, point de salut pour la recherche des causes, c'est-à-dire pour les sciences d'explication.

II. DE LA DIVISION GÉNÉRALE DES FACULTÉS.

Le vice de la méthode de Reid affecte d'abord sa division générale des facultés. Il oppose dans les titres de son ouvrage les facultés intellectuelles aux facultés actives; mais dans l'intérieur des chapitres, l'intelligence est souvent regardée comme active [9], et les facultés actives comprennent des faits intellectuels, comme, par exemple, la croyance à la stabilité de la nature [185, 186]. Il ne donne pas une définition fixe et constante de ce qu'il entend par activité, et il étend cette qualification vague à la force motrice [166, 167, 169], au besoin de mouvement [197], à la volonté [168, 169, 173], aux affections [178], et souvent, comme nous l'avons dit, à toutes les facultés intellectuelles [9]. Il abandonne avec raison la division qu'il avait indiquée, entre des facultés dites solitaires et des facultés dites sociales [10]. Les secondes n'auraient présenté qu'une combinaison des premières.

III. DE LA CONSCIENCE.

Examinons la subdivision des facultés intellectuelles. Quoique l'auteur n'ait pas traité *ex professo* de la conscience, il la regarde dans plusieurs passages comme une faculté intellectuelle spéciale [11-14]. Cette théorie suppose, d'après les règles de la méthode, que l'acte de conscience peut se détacher de tout autre fait psychologique, c'est-à-dire qu'il y a en nous quelquefois, pour prendre l'énumération de Reid, perception, souvenir, conception, abstraction, jugement, raisonnement, appétit, désir, ou affection à notre insu. S'il en est ainsi, la thèse valait la peine d'être prouvée, et c'était à la condition seulement de cette démonstration que la conscience pouvait être établie comme faculté spéciale, et non comme mode inséparable de tous les faits psychologiques.

IV. DE LA SENSATION, DE LA PERCEPTION ET DE LA CROYANCE.

La même mollesse de méthode a énervé dans les mains de Reid sa fameuse théorie de la perception extérieure. Sensation, perception, conception, croyance, tels sont les mots qui apparaissent dans cette théorie, s'affirmant et se niant les uns les autres, se présentant tous ensemble ou se succédant tour à tour, et s'évanouissant l'un après l'autre. La sensation, nous dit l'auteur, est nécessairement sentie ; une sensation qui n'est pas sentie, n'existe pas [15, 16, 26, 31], et plus loin il ajoute : le plus grand nombre des sensations sont indifférentes [29, 30, 31]. Si, par sensation sentie, Reid entend le plaisir ou la peine, ce phénomène devrait cesser de figurer parmi les faits intellectuels. Mais, d'une autre part, qu'est-ce que la sensation indifférente, qui n'est ni peine ni plaisir, et qui cependant est le signe au moyen duquel la qualité de l'objet tombe sous la prise de la perception [21, 25, 31]?

La perception est d'abord posée comme parfaitement distincte de la conception : le mot percevoir, est-il dit, ne s'applique jamais aux choses de l'existence desquelles nous n'avons pas la pleine conviction, et la perception se distingue par là de la conception [36, 37]. Mais bientôt la perception contient elle-même la conception et forme avec celle-ci un phénomène indivisible. « Il y a dans la perception trois choses : 1° quelque conception ou notion de l'objet perçu ; 2° une conviction irrésistible et une croyance ferme de son existence actuelle ; 3° cette conviction et cette croyance sont immédiates et non l'effet du raisonnement [38]. » Et ailleurs : « Nous acquérons par nos sens la conception des objets extérieurs accompagnée de la croyance qu'ils existent, et c'est ce que nous appelons percevoir [74]. » Ainsi la perception n'est plus qu'une conception mêlée de croyance.

Mais quelle est la légitimité de cette croyance ? « La croyance, dit Thomas Reid, n'entre pas seulement comme élément dans la plupart de nos opérations intellectuelles, comme dans la conscience, la perception, la mémoire, mais encore dans beaucoup de principes actifs de notre esprit : la joie, la tristesse, la crainte impliquent la croyance d'un bien ou d'un mal présent ou futur [75]. » Ainsi la croyance qui constitue la perception est de la même nature que la croyance d'un bien ou d'un mal à venir. Mais la conception et la croyance d'un bien à venir ne comportent pas l'existence de ce bien. Que va-t-il donc arriver de la conception et de la croyance que vous appelez perception, et si vous leur assignez un autre caractère, pourquoi leur donnez-vous le même nom ? Nous voilà donc de nouveau plongés dans l'idéalisme ; votre théorie me rejette dans le cercle étroit du *moi*, me condamne à regarder sans voir, à écouter sans entendre, à errer dans une solitude immense ; ou plutôt, car l'immensité n'est pas moi, elle me restreint, me réduit à un point fixe sans étendue et sans durée, à un *je* qui est l'équation de l'unité mathématique : j'avais espéré mieux.

V. DE LA DISTINCTION DES QUALITÉS PREMIÈRES ET DES QUALITÉS
SECONDES DE LA MATIÈRE.

Mais oublions ces contradictions ; souvenons-nous
seulement que Reid a opposé ailleurs la perception à la
conception, et venons à une autre difficulté, à la division des qualités premières et des qualités secondes
de la matière. C'est Descartes qui a renouvelé une distinction déjà faite dans l'antiquité, entre les choses
que le vulgaire appelle les qualités de la matière. Dans
la théorie de ce philosophe, la figure, le mouvement
et le nombre sont les seules qualités du corps, c'est-à-dire
de l'étendue, car pour Descartes, étendue et corps sont
une seule et même chose. Ces modes agissant sur nos
organes nous procurent des plaisirs et des peines purement *subjectifs*, qu'on appelle le chaud, le froid, la
couleur, le son, l'odeur, la saveur, la douleur, la faim,
la soif, etc. : phénomènes qui ne sont pas des qualités
des corps, mais seulement des sentiments en nous. A
propos de ces sentiments, l'âme conçoit les idées d'é-
tendue, de figure, de nombre et de mouvement.
Locke, ne voulant pas admettre que la couleur, le son,
l'odeur, etc., résultassent pour nous d'une simple
disposition des parties de l'étendue, supposa qu'il y avait
dans les corps des propriétés correspondantes à ces phénomènes, et nomma ces propriétés les qualités *secondaires* des corps, appelant du nom de qualités *primaires*
l'étendue, la figure, le mouvement, la solidité et la
divisibilité. Reid et son successeur, Dugald Stewart, ont
adopté cette théorie et ont maintenu et développé les
oppositions que Locke avait établies entre les qualités
primaires et secondaires.

Résumons les motifs de cette distinction :

1° La première fois que les qualités secondes se manifestent à nous, ce sont de purs faits de conscience, des plaisirs ou des peines, que nous ne distinguons pas d'avec nous-mêmes, et qui n'auraient pas seuls la vertu de nous faire sortir du moi. Les qualités primaires , dès leur première apparition, se posent comme distinctes du moi [15 , 19, 22, 23, 65 , 86].

2° Le nom des qualités secondes signifie à la fois ces qualités et la sensation qu'elles nous causent. Le nom des qualités primaires ne signifie qu'elles-mêmes [54 , 72].

3° Les qualités primaires sont essentielles au corps , on ne peut le concevoir sans elles. Les qualités secondes ne sont pas nécessaires à l'existence du corps et à la conception que nous nous en formons [15, 19, 65, 69, 70].

4° Les qualités secondes supposent les qualités premières. Celles-ci peuvent exister sans les autres [15, 19, 65].

5° Nous connaissons directement les qualités premières ; nous savons très-clairement ce qu'elles sont dans les corps. Elles deviennent l'objet des sciences mathématiques. Nous n'avons des qualités secondes qu'une connaissance indirecte et obscure : on ne peut les soumettre au calcul [68 , 71].

6° Les qualités premières sont absolues ; elles existeraient lors même qu'il n'y aurait pas de sujet connaissant ni sentant. Les qualités secondes ne seraient rien sans le sujet sentant. Elles n'existent que d'une manière relative [19 , 15 , 56].

Examinons ces propositions : 1° il est inexact de dire que la couleur, le son, l'odeur, etc. , soient uniquement d'abord des peines ou des plaisirs ; il y a des couleurs qui nous sont indifférentes ; d'autres qui, après

nous avoir charmés, finissent par nous déplaire, quoiqu'elles restent les mêmes comme objets de perception.
Les qualités secondes sont donc comme les qualités
premières des objets de perception et des objets d'affection.

Comment distinguons-nous les qualités premières
d'avec nous-mêmes? Quand je pense à une étendue, à
une figure sans les percevoir, comment sais-je que je
ne les perçois pas? et quand je les perçois, comment
suis-je persuadé que dans ce cas je ne me borne pas à les
concevoir? parce qu'il y a une opposition naturelle entre
la perception et la conception; opposition immédiate,
ipso facto, *sui generis*, sans raisonnement, ni com-
mentaire, que toute explication détruit. Cette opposition
existe de même entre la perception et la conception des
qualités secondes : je sais quand je perçois un son ou
une couleur, et quand je ne fais que les concevoir.

Si la couleur, par exemple, n'était qu'une sensation,
toute sensation étant simple, indivisible et immobile,
comment percevrions-nous l'étendue, la figure et le
mouvement de la couleur? Ne voyons-nous pas les dimensions, les formes et la fuite des nuages qui passent
au-dessus de nos têtes. Notre sensation de couleur est-
elle donc étendue, figurée et mobile?

S'il était vrai que la couleur et même la résistance,
comme le dit Reid [22] après Descartes, ne fussent que
des plaisirs ou des peines, à propos desquels nous fût
suggérée l'idée de l'étendue et de la figure, comment
cette idée correspondrait-elle à la forme et à la dimension précise de l'objet, cause de la sensation? J'appuie
sur votre main une sphère, puis un cube; la sensation
étant indivisible et simple est la même dans les deux
cas : comment devinez-vous la forme? par la perception,

dites-vous ? Eh bien ! je présente à votre vue un disque blanc, puis un triangle noir : si la couleur n'est qu'une sensation simple et sans étendue, comment devinerez-vous la forme et la dimension des couleurs que j'ai soumises à votre expérience ? Les couleurs ne sont donc pas seulement des sensations, mais des objets de perception.

Les étendues et les formes qui arrivent à notre connaissance sont toujours délimitées par leur résistance ou leur couleur ; sans cette délimitation, l'idée d'étendue, si elle pouvait s'introduire dans notre esprit, serait illimitée, ou elle n'aurait qu'une forme toujours la même, ou enfin des formes diversifiées à l'infini, dont il serait difficile d'expliquer l'origine, et qui ne coïncideraient que très-rarement avec celles des objets, causes de nos sensations.

2° Le nom des qualités secondes, dit-on, signifie à la fois la sensation et sa cause : les mots de son, de couleur, d'odeur, sont équivoques, tandis que les mots d'étendue, de figure, n'ont qu'une seule signification. L'équivoque est dans la langue des philosophes, et non dans celle du sens commun. Le son, la couleur, l'odeur, sont pour le vulgaire l'objet d'une certaine perception particulière, comme l'étendue elle-même qui ne peut jamais être perçue si elle n'est pas vue ou touchée, c'est-à-dire si elle n'est couleur ou résistance.

Si d'ailleurs la couleur et le son n'étaient, comme Reid [21], et Descartes ont le courage de le dire que des phénomènes analogues à la faim et à la soif, pourquoi le mot de couleur aurait-il deux significations, tandis que le mot de faim n'en a qu'une. Le vulgaire *objective* le son, il n'*objective* jamais la soif. Les philosophes eux-mêmes ont donné le nom de qualités des corps à la couleur et au son ; ils n'ont jamais donné ce titre au plaisir et à la peine. Donc ni la couleur , ni le son , ni les autres qualités dites secondes , ne peuvent être assimilés à la peine et au plaisir ou à la pure sensation.

3º « L'étendue , la figure , le mouvement , le nombre , » la solidité et la divisibilité , sont essentielles à la ma- » tière. » Examinons : loin que le mouvement soit essentiel à la matière , elle est généralement considérée comme inerte. La matière n'est pas infinie, mais rien n'empêche de la concevoir telle et sans interstice : dans ce cas, elle n'aurait ni nombre, ni figure ; elle pourrait être fluide et n'avoir pas de solidité, ou au contraire être douée d'une ténacité invincible, et se refuser à toute division. Reste donc l'étendue. Qu'est - ce que l'étendue ? Une juxta-position de parties ? Mais les parties ne sont pas juxta - posées, comme le prouve la contraction , la compression et la condensation. Est-ce l'étendue de la molécule ? Mais Leibnitz conçoit la matière sans cette étendue, et dans la plupart des explications physiques, la molécule est une superfétation : tout se réduit au jeu de forces immatérielles qui, tantôt luttent les unes contre les autres , et tantôt se laissent pénétrer. En conclusion, au delà de ce que nous touchons, voyons, entendons, flairons et goûtons, nous ne savons rien de la matière, loin que nous puissions affirmer que quelque chose lui soit essentiel.

Mais peut-être entendez-vous par matière l'étendue , la figure et la solidité ? Il ne serait pas étonnant alors que pour vous la solidité , la figure et l'étendue fussent essentielles à la matière. Vous affirmez ainsi que l'étendue est essentielle à l'étendue : ne vous étonnez pas que j'affirme, à mon tour, que le son est essentiel au son , et la lumière à la lumière.

4° « Les qualités secondes supposent les qualités
» premières. » Sous ce rapport, l'étendue seule serait
une qualité première ; car la figure, la solidité, la divisibilité supposent l'étendue. L'expérience nous apprend qu'à la production du son correspond une certaine vibration de l'air et des solides ; mais nous ne saurons jamais pourquoi il en est ainsi, et nous ne sommes
pas en droit d'affirmer qu'il n'en pourrait être autre-
ment. Le son a une certaine étendue qui lui est propre,
mais qui est l'étendue de ce son, et non l'étendue tangible ou visible. La première fois que l'enfant fait attention au son, il cherche à le saisir avec les mains,
comme un objet distinct et existant à part. Les physiciens savent de la lumière cela seulement qu'elle est
la lumière, et que son étendue et sa forme ne sont pas
tangibles. Quant à l'odeur et à la saveur, elles ne sont
pas même toujours unies à une étendue tangible,
et rien ne prouve que cette union soit nécessaire.

5° Vous connaissez, dites-vous, directement les qualités premières et vous savez très-clairement ce qu'elles
sont dans les corps, mais comment distinguez-vous ces
qualités d'avec le corps? Quand vous avez retranché
l'étendue, la figure, la solidité, que reste-t-il? Votre
assertion revient donc à celle-ci : vous savez ce qu'est
l'étendue et la figure dans l'étendue et la figure ; per-
mettez-nous de savoir ce que le son est dans le son, et la
couleur dans la couleur. De votre aveu, la figure, la
solidité, le mouvement, supposent l'étendue, et vous
ne pouvez pas plus vous rendre compte de l'étendue que
nous du son et de la lumière.

Quant au mérite de servir d'objets aux sciences mathématiques, il faut encore en dépouiller les qualités
premières. Ce n'est ni l'étendue ni la figure perceptible,

avec leurs interstices et leurs irrégularités, qui donnent
lieu aux méditations du géomètre, mais l'espace pur, sans
solution de continuité et les lignes idéales que notre imagination y dessine. Dugald Stewart a subdivisé ainsi
les qualités premières. 1° « Les propriétés mathéma-
» tiques de la matière qui sont l'étendue et la figure, et
» dont la notion détermine en nous la conviction irré-
» sistible de l'existence, non-seulement indépendante,
» mais encore nécessaire et éternelle des objets qu'elle
» représente. 2° Les qualités premières proprement dites,
» comprenant la dureté et la mollesse, l'aspérité et le
» poli, et les autres propriétés de même nature que nous
» ne trouvons pas d'absurdité à supposer anéanties par
» la puissance du créateur. (1) » D'après cette théorie,
l'étendue et la figure ne se distinguent plus de l'espace
et des lignes idéales conçues par notre imagination;
mais l'on s'étonne que le successeur de Reid ait con-
servé le nom de propriétés de la matière à des objets
nécessaires et éternels.

6° Enfin les qualités premières sont-elles plus absolues que les qualités secondes. L'étendue perceptible
n'est pas l'espace; cette étendue, loin d'être absolue,
paraît n'exister que pour nos sens : là où notre main
touche une étendue continue, il y a des solutions de
continuité. Si nous n'existions pas, où serait la pré-
tendue continuité de la matière. L'étendue résistante,
comme l'étendue de couleur, est donc un pur phénomène constitué par notre perception et qui n'existe plus
dès que nous cessons de le percevoir. Je ne veux pas
dire par là que c'est l'être percevant qui constitue la
matière : à défaut de l'être percevant, il y aurait encore

(1) Essais philosophiques traduits par Charles Huret, p. 198.

dans la nature des causes inétendues de perception d'étendue; mais il y aurait de même des causes inétendues d'odeur, de son et de lumière.

Je veux bien admettre que les phénomènes dits matériels résultent de l'action de certaines causes sur nos organes, et que ces phénomènes n'existeraient pas sans la cause, d'une part, et sans l'organe, de l'autre; mais il faut qu'on m'accorde qu'il en est ainsi pour tous les phénomènes matériels, pour ceux qu'on appelle qualités premières, comme pour ceux qu'on relègue sous le nom de qualités secondes.

Je ferai remarquer de plus que l'action sur l'organe n'est pas une action sur le *moi*. Bien que l'étendue perceptible n'existe que par notre organe et dans notre organe, elle n'existe pas pour cela dans le moi. Le moi distingue l'étendue d'avec lui-même. Il ne dit jamais *moi* de l'étendue, et il sait toujours quand l'étendue est dans la perception ou seulement dans la conception; mais s'il ne dit pas *moi* de l'étendue, il ne le dit pas davantage du son, ni de la couleur, ni de l'odeur. Il ne le dit que du plaisir et de la peine. *Moi* et *souffrance* se traduisent par ces mots: *je souffre*; vous ne ferez jamais la même traduction pour *moi* et *son*, *moi* et *couleur*; donc la couleur, l'odeur, etc., ne sont pas des plaisirs et des peines.

Ainsi se détruisent toutes les oppositions établies entre les qualités premières et secondes; mais du point de vue de la critique moderne, il ne suffit pas de montrer qu'une opinion est fausse, il faut encore dégager la part de vérité qui s'y cache, et qui seule a pu faire vivre cette opinion. Nous reconnaissons donc que les hommes ont toujours été plus frappés des qualités tangibles et moins préoccupés des autres qualités dites matérielles. L'expérience leur fournit souvent des étendues et des formes solides, sans y joindre le son, l'odeur, la saveur, ni même la couleur, si le toucher s'exerce pendant la nuit. Au contraire le son, l'odeur, la saveur se présentent très-rarement sans une étendue tangible à laquelle on puisse les rapporter. Quant à la lumière, elle a une étendue propre qui coïncide le plus souvent avec une certaine étendue tangible; l'on s'habitue à regarder l'une et l'autre comme une seule et même étendue, quoiqu'elles puissent se séparer. De là, dans le travail de l'abstraction, il nous est plus facile de penser à l'étendue et à la figure tangible, sans penser à la lumière, au son, à l'odeur, que de penser à l'odeur, au son, à la lumière, sans penser à l'étendue tangible. Nous avons tellement besoin du tangible, nous éprouvons tant de peine à en faire abstraction, que, dans nos hypothèses physiques, là où le tangible nous manque, nous le supposons. N'inventons-nous pas un fluide calorique, un éther lumineux qui, pour prendre le mot des physiciens, se *comportent* comme les fluides tangibles, et seraient, d'après l'hypothèse, susceptibles d'être touchés par des organes plus délicats que les nôtres. Enfin, toutes les fois que nous employons le mot *corps*, nous l'appliquons à du tangible : pour le pâtre, comme pour le savant, qu'est-ce qu'une pierre? Ce n'est pas la couleur, car ce corps la perd pendant la nuit; ce n'est pas le son, car la pierre n'en produit que quand on la frappe; elle peut n'avoir ni saveur, ni odeur, ni température sensible. Sa forme actuelle peut lui être enlevée, mais si elle perd toute forme et par conséquent toute étendue tangible, que lui resterait-il? Rien qu'on puisse appeler une qualité matérielle, car au delà de l'étendue tangible, la molécule elle-même n'est plus qu'une hypothèse et elle nous échappe. Dire que le corps est une étendue tangible et formée, c'est faire une définition, une proposition convertible, où l'attribut est adéquat au sujet. Dire que le corps est coloré, sonore, etc., c'est faire une addition de parties. Dans la langue de Kant, la première proposition est simplement analytique, la seconde est une proposition synthétique. Un nom concret s'applique toujours à un ensemble où figurent les qualités tangibles, jamais à un ensemble de qualités intangibles. L'étendue tangible est donc le *quid inconcussum* de ce que nous appelons matière, c'est ce que l'expérience nous y montre toujours, et ce qui demeure le plus ferme dans nos abstractions.

Voilà le côté véritable de la distinction des qualités primaires et secondaires; mais il n'en résulte pas que les qualités secondes se confondent la première fois avec les faits de conscience, car ils ne s'en distingueraient plus : le plaisir et la peine ne sont jamais attribués aux objets comme qualités secondes; le sens équivoque que les philosophes attribuent aux noms des qualités secondes devrait s'appliquer à l'étendue perceptible elle-même, si les philosophes remarquaient que cette étendue n'existe que pour notre perception. Les qualités primaires, qu'on regarde comme essentielles à la matière, ne sont essentielles qu'à elles-mêmes, puisque c'est leur ensemble qu'on appelle la matière, et les qualités secondes ne sont pas moins essentielles à leur propre existence. Les qualités secondes ne supposent les premières que dans l'ordre de l'expérience et non dans l'ordre de la nécessité; elles sont connues aussi directement et aussi clairement pour ce qu'elles sont, que l'étendue est connue pour étendue et la figure pour figure; enfin, toutes les qualités de la matière, premières et secondes, sont également relatives et périssables : il n'y a d'absolu, c'est-à-dire d'éternel et de nécessaire, que l'espace, le temps et Dieu.

VI. DES LOIS DE LA PERCEPTION.

Je toucherai encore deux points dans la théorie de la perception : 1° l'énumération des lois de cette faculté ; 2° la distinction des perceptions naturelles et des perceptions acquises.

La première loi de la perception, suivant Reid, c'est que si l'objet n'est pas en contact avec l'organe, un milieu est nécessaire pour les mettre en communication ; ainsi les rayons de la lumière, la vibration de l'air et les émanations odorantes, sont des intermédiaires indispensables entre l'objet et l'organe [40]. Mais dans la perception de la vue et de l'odorat, les rayons de la lumière et les émanations odorantes sont les objets mêmes de la perception, et non des intermédiaires. Quant aux vibrations de l'air, elles ne sont pas perçues par l'ouïe, et elles ne lui font percevoir aucun autre objet que le son lui-même, car l'ouïe ne perçoit pas l'instrument, mais seulement le son, et elle ignore d'où le son émane.

Il faut, ajoute l'auteur, que l'impression produite sur l'organe se propage jusqu'au cerveau. Cette nécessité n'est pas prouvée. Des raisons tirées de l'organologie comparée feraient plutôt admettre que l'impression sur les nerfs est l'occasion de la perception, et que l'impression sur le cerveau détermine la conception ou le souvenir. Enfin, dit-il, l'impression est suivie de la sensation, et la sensation, suivie de la perception. Mais Reid a varié lui-même sur ce sujet, et il a dit

dans un passage : « Peut-être que nos perceptions auraient pu suivre immédiatement les impressions organiques, sans l'intermédiaire des sensations. Il paraît
même que c'est ainsi que s'opère la perception de la
figure visible [33, 41, 62]. » En effet, comme l'auteur
l'a écrit ailleurs, une sensation non sentie n'existe
pas [15, 16, 26, 31].

VII. DES PERCEPTIONS ACQUISES.

Quant à la distinction des perceptions naturelles et
des perceptions acquises [43], ce dernier terme est une
mauvaise dénomination que Reid paraît avoir em-
pruntée à Adam Smith. Le toucher nous donne la
connaissance de l'étendue et de la forme tangible ; la
vue ne nous fait connaître que l'étendue et la forme de la
lumière ou de la couleur ; l'ouïe ne nous transmet que
le son : voilà des exemples de perceptions naturelles.
Comme tous nos sens s'exercent ordinairement à la
fois, nous remarquons que les phénomènes perçus
par l'un coïncident plus ou moins avec les phénomènes
perçus par l'autre ; et en vertu de notre croyance à la
stabilité de la nature, nous nous attendons à retrouver
cette coïncidence dans l'avenir. Lorsque je vois une
couleur verte, je juge par induction qu'il y a devant
moi, suivant la nuance, un pré ou un étang, et je dis
que je vois le pré ou l'étang, quoique ces noms s'ap-
pliquent surtout aux qualités tangibles, et que je ne
voie pas ces qualités. Lorsque j'entends un son, je juge
par induction, suivant le volume et le timbre du son,
qu'une cloche est en branle ou que le canon gronde,
et je dis que j'entends la cloche ou le canon. *Voir le
pré, entendre la cloche,* sont des expressions inexactes

en psychologie, mais très-légitimes dans le langage
ordinaire, qui n'a pas besoin de tant de précision. Ce
sont ces jugements inductifs que Reid appelle des
perceptions acquises, quoiqu'il sache parfaitement bien
qu'il n'y a pas là de perceptions, mais seulement des
jugements d'induction, comme il le dit en plusieurs en-
droits de ses essais [45, 120, 186]. Le mot de perception acquise est donc un mauvais terme qu'il faut dé-
finitivement abandonner.

VIII. DES ERREURS REPROCHÉES A NOS SENS.

Reid a démêlé avec une adresse merveilleuse les
perceptions propres à chacun de nos sens, et il a dé-
montré par là qu'aucun d'eux ne nous trompe [46-49].
Je regrette qu'il ait fait une dernière concession au
préjugé qui les condamne, en accordant qu'une classe
des erreurs qu'on leur reproche mérite véritablement
ce nom [50]. Comme la perception résulte du concours
de la cause extérieure et de l'organe, elle est toujours
ce qu'elle doit être. Lorsque l'axe visuel de l'œil est
dérangé, il y a vraiment pour nous deux étendues de
couleur, quoiqu'il n'y ait qu'une seule étendue tangible. Lorsque, par l'effet d'une maladie, la bile est
mêlée dans les humeurs de l'œil, la couleur jaune que
voit le malade existe bien réellement devant sa rétine
et sa vue ne le trompe pas. La cause de l'erreur est
l'induction qui fait croire que cette couleur vient des
corps tangibles; mais la vue est chargée de montrer la
couleur et non pas d'en indiquer la source. Ainsi encore, les couleurs qu'on aperçoit, en pressant le globe
de l'œil, n'existent pas seulement dans l'imagination;
ce sont bien des objets de perception et d'une percep-

tion sincère ; je les distingue parfaitement de celles que
je ne fais que concevoir et dont je puis me donner la
représentation mentale. Une explication du même
genre ferait évanouir tous les autres reproches que Reid
a cru devoir laisser subsister contre les sens extérieurs.

IX. DE LA MÉMOIRE, DE LA CONCEPTION ET DE L'ABSTRACTION.

Je passe à la théorie de la mémoire et de la conception. Cette théorie me paraît une des plus belles que
l'auteur ait écrites. L'habile Écossais décrit les faits
avec lenteur, précision et fermeté : il semble prononcer les oracles de la science. Le lecteur se sent
éclairé et subjugué ; il marche, il avance sous la main
d'un guide sévère, qui ne le laisse pas se détourner du
chemin [76-92]. Nous remarquerons cependant une
indécision fâcheuse entre deux termes qui sont loin de
se ressembler, et que Reid emploie toujours comme
synonymes. « C'est par la mémoire que nous avons la
connaissance immédiate des choses passées..... La mémoire est toujours accompagnée de la *croyance* à l'existence passée de la chose rappelée [76, 77]. » La mémoire nous donne-t-elle la *connaissance* ou la *croyance*
du passé ? Il faut choisir. Le terme de croyance convient au jugement d'induction, qui comporte toujours
la possibilité d'une erreur, il ne convient ni à la perception, ni à la mémoire qui sont des certitudes immédiates.

Le sage Reid constate que la mémoire comprend la
connaissance d'un passé où nous avons agi, sans que
nous puissions nous expliquer comment le fait passé
nous apparaît comme tel, au lieu de nous apparaître
comme présent. Il démontre la vanité des systèmes

qui ont voulu éclaircir ce mystère [77] : c'est un fait
indécomposable qui constitue précisément la différence de la mémoire et de la perception. L'acte de
la mémoire est le jugement de reconnaissance : j'ai
connu, j'ai fait, etc. L'acte de la conception peut n'être
pas accompagné de ce qu'on appelle la mémoire ou le
jugement de reconnaissance, comme dans les plagiats
involontaires. Voilà pourquoi Reid a fait avec raison
deux facultés de la mémoire et de la conception. Une
description qui se recommande autant par la sûreté
du coup d'œil philosophique, que par l'éclat de l'imagination littéraire, nous montre la chaîne qui lie nos
conceptions et les fait passer tour à tour dans notre
esprit, soit sous la forme austère d'une série de conséquences logiques, soit sous l'apparence plus riante des
images de l'éloquence et de la poésie [84]. Reid prononce que la conception peut former des combinaisons
nouvelles, mais qu'elle ne saurait introduire dans ses
ouvrages un seul élément de sa création. J'accepte cet
arrêt pour l'imagination poétique et oratoire, mais je
doute qu'il s'applique à l'imagination du géomètre, du
peintre et du musicien.

Comment un philosophe si clairvoyant et d'un esprit
si judicieux, après avoir reconnu que l'abstraction est la
nature même de la conception [79, 83, 86, 91, 93, 95],
a-t-il posé la conception et l'abstraction comme deux
facultés différentes, et en a-t-il traité en deux essais séparés ? L'identité des détails et souvent des mots mêmes,
employés dans ces deux essais, auraient dû l'avertir qu'il
était là sur un seul et même terrain. Quoi qu'on en ait dit,
Reid n'était pas maître de la vraie méthode qui préside
aux sciences d'explication. Après avoir recueilli les obser-
vations les plus instructives, et s'être fait, suivant l'un

des préceptes de Bacon, une vaste *forêt de forêts*, il
n'a pas su appliquer le second précepte : réunir toutes
les petites lumières partielles qui tremblent dans les
coins de l'édifice et en former un fanal attaché à la
voûte et rayonnant sur toutes les parois du temple. Il
n'a pas su conduire l'induction, d'une main habile,
grouper les faits indissolubles, séparer les faits divi-
sibles, rejeter ainsi les causes mensongères, et dégager
enfin les véritables facultés.

X. DE LA THÉORIE DU JUGEMENT.

C'est surtout dans la théorie du jugement que nous
aurons à déplorer la marche incertaine de notre philosophe. C'est un voyageur qui se perd dans les ronces
et les taillis, et qui ne s'élève jamais assez haut pour
embrasser d'un coup d'œil le pays tout entier.

On entend par jugement, soit l'acte de connaître une
réalité ou seulement d'y croire, soit le fait de saisir un
rapport entre deux ou plusieurs objets. Dans ce double
sens, le jugement est un acte primitif de l'esprit. La
perception, la mémoire, jugent et ne peuvent agir sans
juger : il ne peut y avoir perception sans connaissance
de la réalité perçue, ou sans jugement que cette réalité
existe ; il ne peut y avoir mémoire sans connaissance
de l'acte passé, ou sans jugement que cet acte a existé ;
en d'autres termes, le nom de jugement n'est qu'un
titre commun qui convient aux actes de toutes les facultés intellectuelles primitives, par opposition aux
actes ultérieurs de la conception, qui démembre les
jugements primitifs, qui nous permet de penser au
mode sans penser à l'être, ou à l'être sans penser au
mode, qui transforme le concret en abstrait, et produit

enfin ce que les logiciens appelaient *la simple appréhension*. Reid a mis au jour ces vérités dans quelques
pages de ses essais [97, 99, 109, 111, 113]. Comment
a-t-il pu ailleurs regarder le jugement comme une faculté distincte de la perception et de la mémoire, ou
au moins ne pas oser décider « si le jugement se joint
invariablement aux opérations de ces facultés, ou s'il en
fait partie intégrante [101]? » Ce ne serait même pas
assez que de considérer le jugement comme partie intégrante de ces opérations; car il les constitue tout en-
tières, c'est-à-dire que les actes de perception et de
mémoire ne sont que des jugements de différentes espèces. La faute devient plus grave encore, lorsque le
philosophe avance qu'il y a beaucoup de notions et
d'idées, dont la faculté de juger est la source unique;
que les sens nous font connaître les objets sensibles, à
une époque où le jugement n'existe pas encore; que
ce qui distingue l'homme de l'enfant, ce ne sont pas les
sens, mais quelque autre faculté qui analyse et recompose; que ce n'est pas la conscience qui nous donne la
notion exacte de nos opérations, mais la réflexion, laquelle suppose le concours de la mémoire et du jugement [100, 104, 106, 107]. » Voilà donc le jugement
séparé ici de la perception, de la conscience et de la
mémoire. Reid a pris pour une différence de nature ce
qui n'est qu'une différence de degré.

Nous avons vu que notre auteur, tout en distinguant
nominalement la faculté de conception et la faculté
d'abstraction, leur attribue des effets identiques; il
établit une troisième faculté sous le nom de jugement,
et c'est pour lui faire exécuter les mêmes opérations
qu'aux deux facultés précédentes : « La faculté de juger,
dit-il, analyse et recompose [104]; le jugement pro-

duit les idées des figures géométriques [106], » oubliant
qu'il a déjà rapporté la première œuvre à l'abstraction [93], et la seconde à la conception [88].

Mais nous ne sommes pas au bout des erreurs que
renferme cette théorie. Si le jugement n'est pas un
nom commun donné à toutes les facultés qui nous
font connaître ou croire, par opposition à la simple
appréhension ou à la pure conception qui n'est ni une
connaissance, ni une croyance; si la faculté de juger
est une faculté, comment l'auteur peut-il lui faire produire des actes aussi différents et aussi souvent séparés
dans l'expérience que les jugements contingents et les
jugements nécessaires?

XI. DES JUGEMENTS CONTINGENTS.

Passons en revue ces jugements, et commençons par
les jugements contingents. Les uns appartiennent aux
facultés déjà mentionnées par Reid, dans les essais qui
précèdent; les autres sont les œuvres de facultés nouvelles, que l'auteur nous fait seulement entrevoir dans
la confuse théorie du jugement, mais qu'il ne dégage
pas de leur obscurité, qu'il ne place nulle part dans le
cadre des facultés intellectuelles, et qu'il n'a pas même
le courage de nommer. Le premier, le second et le
sixième jugements contingents [109, 110, 114], sont
le fruit de cette conscience qui accompagne tout acte psychologique, et que l'auteur a nommée ailleurs comme
faculté spéciale, sans en faire l'objet d'un traité séparé.
Le troisième et le quatrième [111, 112] sont les jugements que le philosophe a déjà décrits dans la mémoire, et qui ne devaient pas être reproduits sous un
autre nom. Le cinquième [113], est le jugement de per-

ception qui a figuré comme il le devait dans l'essai
consacré à cette faculté; le septième [115] est une ob-
servation commune à toutes les facultés qui nous font
connaître. L'analyse résoudrait facilement le huitième
[116] dans les jugements qui le suivent. Les quatre
derniers dérivent de trois facultés que Reid a découvertes,
mais qu'il n'a pas mises sous un jour assez clair pour les
faire reconnaître de tout le monde. Reproduisons le
neuvième jugement : « Certains traits du visage , certains sons de la voix, certains gestes, indiquent certaines
pensées et certaines dispositions d'esprit [117]. »
Ajoutez aux excellents développements par lequel l'auteur explique le principe qui précède , les citations
suivantes prises dans le premier ouvrage de Reid. « Le
langage naturel appartient aux brutes elles-mêmes. Les
éléments du langage naturel du genre humain , sont :
1° les modulations de la voix ; 2° les gestes ; 3° les traits
du visage ou la physionomie (1). »

« Entre tous les signes artificiels dont on pouvait se
servir, il n'en est pas de plus propre que les articula-
tions de la voix, et comme le genre humain les a toujours employées à cet usage , nous avons lieu de croire
que c'est à ce dessein qu'elles nous ont été données par
la nature (2). »

« Il serait fort aisé de faire voir que la musique, la
peinture, la poésie , l'éloquence, la pantomime, tous
les beaux-arts en un mot, en tant qu'ils sont expres-
sifs , bien qu'ils exigent de ceux qui les cultivent un
goût délicat , un jugement exquis et beaucoup d'étude
et de pratique , ne sont cependant autre chose que le
langage de la nature , que nous apportons avec nous en

(1) T. II, p. 80-90.   (2) Ibid., p. 91.

venant au monde, mais que nous avons oublié faute
d'usage, et que nous ne venons à bout de recouvrer
qu'avec de très-grandes difficultés. Abolissez pour un
siècle l'usage des sons articulés et de l'écriture, et vous
verrez que chaque homme deviendra peintre, acteur,
orateur...; celui qui entend le mieux les signes naturels
et qui en connaît le mieux l'usage est aussi le meilleur
juge dans tous les arts d'expression (1). »

« Les signes dans le langage naturel ont la même
signification chez tous les peuples de la terre, et l'*art
de les interpréter* est inné et non acquis (2). »

En réunissant tous ces passages, nous aurons une excellente description d'une faculté découverte par Reid.
Nous trouverons même dans la dernière ligne le nom
qu'il faudra lui donner : si l'art d'interpréter est naturel, nous avons reçu de la nature une faculté *interprétative*. Il est à regretter que le savant auteur n'ait pas
fait figurer cette faculté dans sa classification générale,
et qu'il l'ait ainsi égarée dans quelques détails obscurs
de chapitres consacrés à d'autres sujets.

A l'aide du dixième principe contingent, nous allons dégager encore une faculté cachée dans l'ombre.
« Nous avons *naturellement* quelque égard aux témoignages humains en matières de faits, et même à
l'autorité en matière d'opinion [118]. » Fortifiez ce
principe des remarques qui l'accompagnent, et des rap-
prochements que voici : « J'ai cru par instinct tout ce
que m'ont dit mes parents longtemps avant que l'idée
du mensonge entrât dans mon esprit, ou que je soup-
çonnasse qu'ils pussent me tromper (3). »

(1) T. II, p. 92-3.
(2) T. II, p. 34-2.
(3) T. II, p. 308.

« Il est évident qu'en matière de témoignage, la balance de notre jugement est inclinée par notre constitution du côté de la confiance. Cette tendance n'augmente pas en vertu de l'expérience. On peut l'appeler, faute d'un meilleur nom, *principe de crédulité* (1).

La crédulité est en effet naturelle, et l'expérience ne la corrige pas. Nous regrettons que dans son traité des facultés actives l'auteur ait rapporté cette crédulité à l'imitation : « Ce ne sont pas, dit-il, en parlant des enfants, les paroles du témoin, mais sa croyance quiles fait croire, leur croyance se règle sur la sienne, s'ils doutent, il doute de même; s'il est assuré, ils partagent son assurance [185]. » Pour que nous imitions l'opinion d'autrui, il faut que nous commencions par croire que cette opinion est légitime : c'est donc la foi qui détermine l'imitation et non l'imitation qui entraîne la foi. Je préfère, sur ce sujet, la thèse que Reid avait adoptée dans ses Recherches sur l'entendement humain, et dans son Essai sur le jugement (2).

Enfin nous allons faire sortir du sein des onzième et douzième principes contingents une dernière faculté intellectuelle que Reid n'a fait briller un instant que pour la replonger de nouveau dans les ténèbres. « Beaucoup d'événements qui dépendent de la volonté libre de nos semblables, ne laissent pas de pouvoir être prévus avec une probabilité plus ou moins grande [119]. Dans l'ordre de la nature, ce qui arrivera ressemblera probablement à ce qui est arrivé dans des circonstances semblables [120].

Qui ne reconnaît ici ce fameux *principe d'induc-*

(1) T. II, p. 348-5o.   (2) T. II, p. 3o8, 348-5o; t.V, p. 118

tion que l'auteur avait si longuement décrit dans ses Recherches sur l'entendement humain, et dont il disait entre autres choses : « La croyance à la stabilité de la nature peut s'appeler *principe d'induction*; car c'est sur elle que repose tout raisonnement par induction et par analogie, ainsi que toutes nos perceptions acquises (1). »

« En dernière analyse, tous les faux raisonnements de la science dérivent du principe d'induction. Bacon a régularisé l'emploi de cette faculté : on peut appeler le *Novum organum*, la grammaire du langage de la nature (2). »

Comment se fait-il que dans son Traité des facultés intellectuelles il ne fasse plus à la faculté inductive que des allusions détournées, qu'il ne la nomme, qu'en passant, au milieu d'un chapitre qui lui est étranger (3)? Comment se fait-il, qu'à propos des deux principes qu'il en dérive sciemment, il n'en prononce pas même le nom, bien loin de lui accorder, dans le cadre général, le titre et le rang qui lui appartiennent ?

Ainsi, après avoir reproduit les facultés de conscience, de perception, de mémoire et de connaissance nécessaire, qui sont des facultés de certitude immédiate, l'essai sur le jugement nous fait entrevoir trois facultés de pure croyance, qui sont la faculté inductive, la foi naturelle en autrui, et la faculté interprétative. Reid n'a pas méconnu la différence qui existe entre la certitude immédiate de la conscience, de la perception, de la mémoire, des jugements nécessaires (4), et la simple probabilité de l'induction, de la foi à l'autorité d'au-

(1) T. II, p. 351-56.
(2) T. II, p. 358-9.
(3) T. IV, p. 227.
(4) T. V, p. 97 et suiv.

trui (1) ; mais s'il avait opposé hautement et osten-
siblement ces deux genres de facultés les unes aux
autres, il se serait tout à fait fixé sur le sens des mots
connaissance et *croyance* qui ont toujours flotté va-
guement dans son esprit, et il eût dressé un tableau
plus exact et plus méthodique des facultés intellectuelles.

XII. DES JUGEMENTS NÉCESSAIRES.

Venons aux jugements nécessaires. Dans le cours de
ses ouvrages, Thomas Reid fait remarquer de temps
en temps des propositions qu'il regarde comme mar-
quées du caractère de nécessité : on s'attendait à les
voir figurer toutes dans le tableau des jugements nécessaires ; quelques-unes sont oubliées. Nous avons recueilli
ces dernières et les avons jointes à la liste dressée par
Reid lui-même, afin de la compléter. Ces connaissances sont celles de la divisibilité de la matière à l'infini,
de son impénétrabilité, de l'espace pur et du temps
absolu [121, 122, 123, 124].

Malgré l'omission que je viens de signaler, le chapitre sur les jugements nécessaires annonçait, de la
part de Reid, l'intention de dresser un tableau com-
plet de ces notions qui avaient été jusque-là éparses
dans les traités de philosophie, et dont Platon et Descartes n'avaient donné que des exemples. Mais n'est-
on pas en droit de contester le caractère de nécessité
attribué à quelques-unes de ces connaissances? Et d'a-
bord la divisibilité de la matière à l'infini n'est-elle
pas sujette à toutes les objections que Bayle a si ha-
bilement refaites sur le canevas laissé par Zénon ?
Peut-on regarder comme nécessaire une connaissance

(1) T. V, p. 74-76.

qui conduit à l'absurde? D'un autre côté, l'impénétrabilité de la matière est une hypothèse; c'est celle des atomes. Nous nous représentons la matière comme composée de petites fractions, adéquates aux plus petites fractions de l'espace : une fois qu'en vertu de cette supposition, nous avons comblé une partie de l'espace par une partie de matière, nous sommes obligés de mettre toute autre partie de la matière dans toute autre partie de l'espace, parce que nous comprenons que les parties de l'espace sont impénétrables les unes aux autres. Ce que nous appelons l'impénétrabilité de la matière est donc une hypothèse faite sur le modèle de l'impénétrabilité réciproque des parties de l'espace, qui est la seule nécessaire. Dans l'hypothèse qui compose la matière de points mathématiques, de monades ou de forces simples, que devient l'impénétrabilité de la matière?

Nous admettons la nécessité des notions d'espace pur et de temps absolu, parce que les objets de ces notions sont marqués du caractère de nécessité. Il n'en est pas de même de la plupart des autres principes reproduits par Thomas Reid. Les philosophes ont confondu, avec les véritables notions nécessaires, une multitude de propositions tautologiques où l'attribut ne fait que répéter le sujet; et c'est surtout par ce côté que la philosophie a été vulnérable. Par exemple, quand la perception extérieure nous a révélé qu'une chose existe, avons-nous besoin qu'une autre faculté vienne nous apprendre que cette chose existe, pour que nous formions ce bel axiome : ce qui est est, ou : il est impossible que la même chose soit et ne soit pas; ce qui revient à dire : ce qui est est. Quelques philosophes ont appelé cette proposition le premier principe de la connaissance, et ont déclaré que, sans elle, on ne pouvait faire un pas dans la science. Mais Descartes, et après lui les graves logiciens de Port-Royal, avait déjà condamné la stérilité de cette proposition. « Elle est, disait le premier, de bien peu d'importance, et ne nous rend de rien plus savants. La façon dont on réduit les autres propositions à celle-ci, est superflue et de nul usage (1). » « On ne voit pas de rencontre, disaient les seconds, où ce principe puisse jamais servir à nous donner aucune connaissance (2). » Et, en effet, la question n'est pas de savoir si ce qui est est, mais quelles sont les choses qui sont. Nous pouvons ramener à une tautologie du même genre l'axiome suivant : *il est impossible que ce qui a été fait n'ait pas été fait* ; c'est-à-dire : ce qui a été a été. Vaines et frivoles propositions où l'esprit s'affirme à lui-même qu'il sait ce qu'il sait ; triste avancement dans les sciences, semblable au mouvement d'un bataillon qui marque le pas. Après ces formules, qui par leur généralité font encore illusion, et affectent une apparence de règle et d'axiome, il fallait bien arriver à ces propositions singulières qui en sont la traduction : *Davus est Davus et non OEdipus; un bateau est un bateau et pas autre chose ;* et Catérus, le contemporain et l'un des adversaires de Descartes, les proclame fort sérieusement des principes nécessaires (3). Locke avait trop beau jeu contre de pareils axiomes ; la polémique qu'il a dirigée, après Hobbes et Gassendi, contre les idées innées, pouvait également combattre et détruire la plupart des prétendus axiomes nécessaires. Ces principes ne sont

---

(1) OEuvres philosophiques de Descartes, T. IV, p. 156.

(2) La Logique ou l'Art de penser, IVᵉ partie, chap. VII.

(3) OEuvres philosophiques de Descartes, T. II, p. 5.

pas innés, disait-il, puisque les éléments dont ils se composent ne le sont pas (1). Il aurait pu ajouter : ces principes ne sont pas nécessaires, puisque le sujet n'est pas marqué du caractère de nécessité, et que l'attribut ne fait que répéter le sujet.

Par ces motifs, nous effacerions de la liste de Reid les principes grammaticaux [125], les axiomes logiques [126], les axiomes mathématiques, dans lesquels il confond à tort les définitions [127]. Quand nous analyserons ce qu'il appelle le goût intellectuel, nous ferons voir que les axiomes du goût [128] ne sont pour lui que le résultat de facultés intellectuelles qui figurent déjà autre part, et de sentiments excités par les objets que saisissent ces facultés.

Nous admettons comme vérités nécessaires les premiers principes de morale [129].

Quant aux principes métaphysiques [130], nous sommes étonnés de retrouver, dans le premier, un jugement que l'auteur nous a déjà donné comme principes de vérité contingente. Il nous dit ici : « Les pensées dont nous avons la conscience ont un sujet que nous appelons esprit [130]. » Et de l'autre part il avait dit : « Les pensées dont j'ai la conscience sont les pensées d'un être que j'appelle *mon esprit, ma personne, moi* [110]. » C'était alors une vérité contingente, comment s'est-elle transformée? Descartes, après avoir laissé échapper son enthymème : *Cogito, ergo sum,* s'est hâté de le retirer. Il avait voulu dire que la notion de sa pensée et celle de son existence lui viennent en même temps (2). Il

_____

(1) Essai sur l'entendement humain, liv. 1er, ch. II.

(2) OEuvres philosophiques de Descartes, T. II, p. 57, 331.

n'y a là qu'un seul et indivisible fait de conscience, où nous n'établissons de différence que par abstraction. La notion de notre existence, sous quelque forme qu'elle se manifeste, est rapportée à une cause suffisante, quand on l'attribue à la conscience; c'est donc un jugement contingent.

Dans l'exposé du premier principe métaphysique, l'auteur ajoute ces mots : « Les qualités sensibles qui sont l'objet de nos perceptions, ont un sujet que nous appelons corps [130]. » Mais le dédoublement de la matière en substance et qualité est une fiction à laquelle Descartes et Leibnitz ont opposé des hypothèses différentes. Le premier n'admet pour réalités que l'étendue et la pensée; le second, que des forces simples. Il n'y a plus rien ici qu'on puisse diviser en dessus et dessous, en substance et qualité. Nous ne savons de la matière que ceci : les objets que nous percevons par le ministère de nos sens existent réellement, et ils sont tels que nous les percevons. C'est précisément le cinquième principe de vérité contingente posé par Reid [113]; c'est la pure description du fait de perception. Nous ne pouvons reconnaître en tout cela aucune vérité nécessaire. Quant à l'énoncé ordinaire du principe de substance, il revient à ces termes : Tout dessus suppose un dessous; je l'accorde, mais la question est de savoir s'il y a dans la matière un dessus et un dessous. Dès que vous posez un dessus, par cela même vous avez posé le dessous, et le prétendu axiome nécessaire de la substance n'est plus qu'une proposition tautologique, où la condition hypothétique du sujet affecte l'attribut qui le répète.

Le second principe métaphysique de Reid est celui-ci : « Tout ce qui commence d'exister est produit par une cause [130]. » Il ne nous est pas donné, en effet, de comprendre que l'être sorte du néant. De là deux maximes, l'une païenne : ce qui existe a toujours existé ; l'autre chrétienne : ce monde a commencé, mais le Créateur lui préexiste. Le fond commun des deux maximes est celui-ci : il y a un être éternel. Le principe de Reid est donc mis sous une forme trop particulière, car c'est une question de savoir si quelque chose commence véritablement d'exister. Mais, répondra-t-on, les changements sont des commencements d'existence, au moins pour les phénomènes, et sous ce rapport il est permis de dire : Tout ce qui commence d'exister est produit par une cause. Sous cette forme le principe signifie : Tout changement présuppose un être *pouvant* changer par lui-même ou par autrui. Or, au dedans de nous, l'idée de *pouvoir* est donnée par la conscience ; au dehors elle est supposée par l'induction. Ce qui dépasse l'expérience et l'induction dans le principe qui précède, est donc ceci : tout changement présuppose un être, c'est-à-dire : il y a un être qui n'a pas commencé, ou il y a un être éternel.

Quant au troisième principe métaphysique de Reid «que l'intelligence et le dessein dans l'*effet*, prouvent un dessein et une intelligence dans la cause [130]," il rentre dans le second. La question qui divise le paganisme et le christianisme est précisément de savoir si le monde est un effet, c'est-à-dire s'il a commencé. S'il n'a pas commencé, il a toujours été ce qu'il est, ou il a toujours eu le pouvoir de l'être. S'il a commencé, un autre pouvoir l'a précédé. De toutes façons, il y a un être éternel. C'est là le point d'accord de toutes les religions et la vraie connaissance nécessaire. Faire dériver la croyance à la création du monde, de l'idée que le monde est un effet, c'est tourner dans un cercle. Cette croyance nous vient de la nécessité où nous sommes d'admettre la toute-puissance de Dieu, et de ne la borner que par l'absurde. Or, si c'était le lieu, je montrerais que la création à laquelle certains esprits répugnent n'est pas plus difficile à comprendre que la formation qu'ils accordent.

Que laisserons-nous donc subsister des connaissances nécessaires mentionnées par Thomas Reid, soit dans l'essai sur le jugement, soit ailleurs ? 1° la notion d'un espace pur; 2° celle d'un temps absolu; 3° celle d'un être infini; 4° les conceptions géométriques; 5° les conceptions morales.

Ces connaissances sont-elles purement subjectives ou s'adressent-elles à quelque élément objectif ? Protagoras et David Hume adoptent la première solution ; Platon se prononce pour la seconde, non-seulement à l'égard des notions que nous appelons nécessaires, mais même pour les simples notions générales de l'expérience, et il fait des types incréés de la *grandeur* et de la *duité* (1). Entre ces deux doctrines exclusives se placent celles de Descartes et de Reid, qui font un choix. Pour Descartes, la conception de l'espace ou de l'étendue (il prend ces deux mots comme synonymes), et la conception de l'être infini, sont les seules auxquelles correspondent des réalités extérieures ; les autres conceptions, même celle du temps, ne sont rien en dehors de notre esprit (2). Pour Reid « toutes les vérités nécessaires sont des vé- » rités abstraites, à l'exception d'une seule, celle de » l'existence de Dieu, qui est à la fois une vérité de

(1) Phédon, XIX, XLIX.   Descartes, T. Ier, p. 252-253, et
(2) Œuvres Philosophiques de   T. III, p. 368.

» fait et une vérité nécessaire [131]. » Il semble insi-
nuer par là que ni la notion de temps, ni même celle
d'espace, ne sont des vérités de fait, c'est-à-dire des vérités objectives. Il aurait donc étendu la subjectivité plus
loin encore que Descartes. Pour nous, tout en admet-
tant avec Descartes et Reid que la conception de l'idéal
géométrique et la conception de l'idéal moral sont
des nécessités subjectives, qui n'existent pas en dehors de
la pensée humaine et de la pensée divine, nous reconnaissons une nécessité objective dans l'espace et le temps
comme dans l'être infini.

XIII. DU RAISONNEMENT.

Dugald Stewart a trop bien montré que le raisonnement est une opération complexe, dont les éléments se
résolvent en jugements primitifs et en actes de mémoire (1), pour que j'insiste sur ce sujet. Quoique Reid
ait admirablement décrit le mécanisme du raisonnement, nous n'en avons pas moins à regretter qu'il ait
cru devoir l'attribuer à une faculté spéciale de l'intelligence [132-135].

XIV. DU GOUT INTELLECTUEL.

C'est à l'un de ses prédécesseurs dans l'université de
Glascow, c'est à Hutcheson, que Thomas Reid doit la
plupart des idées que renferme son Essai sur le goût intellectuel (2). Voyons s'il est parvenu à former une faculté simple et spéciale avec des éléments dont au premier coup d'œil on croit au moins apercevoir la diversité.

---

(1) *Philosophie de l'esprit hu-*
main, T. III, p. 38 et suiv. de la
trad. française.

(2) Recherches sur les idées de
beauté et de vertu, traduit d'Hutcheson par Eidous, 1749.

Les objets du goût, dit-il avec Addison et Akenside, sont la nouveauté, la grandeur et la beauté [140]. Il s'aperçoit presque aussitôt que la nouveauté n'a de valeur dans les arts que si elle se joint à la grandeur et à la beauté, et il rapporte avec raison le goût de la nouveauté pour elle seule à ce principe de curiosité qu'il fait figurer dans la liste des désirs [141, 143].

Si l'on rassemble tous les exemples dans lesquels il reconnaît la grandeur ou la beauté, on s'aperçoit qu'ils comprennent des actes moraux ou des qualités de l'esprit, ou des objets matériels qui sont les signes de ces actes et de ces qualités.

« Après Dieu et ses ouvrages, ce que nous admirons le plus ce sont les grands *talents* et les *vertus* héroïques [150].

» La *beauté* appartient aux qualités qui sont les objets propres de l'amour et des affections douces, comme à la *pureté*, à la *douceur*, à la *complaisance*, à l'humanité, à l'amour de la patrie, aux *affections de famille*; la *grandeur* appartient aux qualités qui excitent l'admiration, comme à la *magnanimité*, à l'empire sur soi-même, au *courage* [157].

» De même qu'il y a une beauté originelle dans certaines *qualités morales* ou *intellectuelles*, de même il y a une beauté dérivée dans les *signes naturels* de ces qualités [136].

» Un grand ouvrage n'est autre chose que l'ouvrage d'un grand *pouvoir*, d'une grande *sagesse* et d'une grande *bonté*, travaillant dans une grande fin. Or le pouvoir, la sagesse et la bonté sont des *attributs de l'esprit*, et nous attribuons à l'ouvrage la grandeur qui n'appartient qu'à l'artiste [149].

» Les esprits échappent à notre vue; nous n'aperce-

vons que les empreintes qu'ils déposent sur la face de la
matière ; c'est à travers ce milieu que se révèlent à
nous l'activité, les qualités *morales* et *intellectuelles*
des autres êtres [160]. »

La beauté et la grandeur sont donc les deux degrés
des qualités morales et intellectuelles et des signes qui
les représentent. Or, comment apprécions-nous d'abord
les qualités morales ? par la faculté que Reid appelle
sens du devoir [249]. Après le jugement intellectuel,
il se produit en nous une émotion affective, qui n'a plus
rien de commun avec l'intelligence. Reid le dit lui-
même : « Les vertus en tant que vertus excitent l'approbation de la faculté morale ; en tant qu'elles excitent
l'admiration et l'amour, elles affectent le sens du
beau [158]. » S'il en est ainsi, le sens du beau n'est donc
qu'une affection.

Quant aux qualités intellectuelles, « les attributs de
l'esprit, dit l'auteur, sont l'objet naturel de *l'estime* ;
lorsqu'ils sont portés à un degré extraordinaire, ils deviennent l'objet de *l'admiration* [146]. » Pourquoi les
attributs de l'esprit sont-ils l'objet naturel de l'estime ?
N'est-ce pas en vertu du sens moral, qui nous apprend
que l'esprit est supérieur au corps ? Et si nous éprouvons
un plaisir particulier à voir un vaste déploiement des
facultés intellectuelles, y a-t-il là autre chose qu'un
plaisir spécial appartenant à l'ordre le plus élevé de nos
affections, à ce désir de savoir si bien constaté par Thomas Reid [208] ?

Enfin, pour découvrir la grandeur et la beauté qui se
manifestent dans les objets matériels, il faut, dit l'auteur, en pénétrer le sens, les interpréter, comme des
signes et des symboles [148, 149, 151, 160, 161, 162,
164]. Or, n'a-t-il pas décrit ailleurs cette faculté d'in-

terprétation qui nous fait lire la pensée et le sentiment dans les formes, les sons et les couleurs de la nature inanimée, comme dans les traits du visage et l'accent de la voix humaine (1)? Que faut-il donc de plus pour compléter ici le sens du beau, si ce n'est une émotion spéciale excitée par les découvertes de la faculté interprétative?

La faculté morale et la faculté naturelle d'interprétation, voilà les seules facultés intellectuelles qui entrent dans la composition de ce que Reid appelle le goût intellectuel. Le reste se compose de sentiments nobles et élevés, qui auraient dû être renvoyés à ces affections que notre auteur renferme sous le titre de facultés actives, et dont il nous reste maintenant à faire le rapide examen.

XV. DES FACULTÉS ACTIVES.

Nous nous sommes déjà plaint du vague que le philosophe écossais a laissé flotter sur la limite de ses deux grandes classes de facultés. Passons outre, et considérons la subdivision des facultés actives. L'auteur leur consacre cinq essais : le premier, sur la puissance active en général ; le second, sur la volonté ; le troisième, sur les principes d'action ; le quatrième, sur la liberté ; et le cinquième, sur la morale.

La morale n'est pas une faculté ; la liberté n'est que le caractère de la volonté. Restent donc la puissance active, la volonté, et les principes d'action, dont il est malheureusement assez difficile de saisir les limites respectives.

(1) Voyez plus haut, p. 91-2, la détermination de cette faculté.

L'auteur dit, d'une part : « Nous sommes incapables de concevoir une puissance active sans volonté [168]; » et de l'autre : « Quand il n'est pas question d'imputation morale, le mot action prend une acception plus étendue, et nous appelons actions de l'homme beaucoup de choses qu'il n'a préalablement ni connues ni voulues; c'est dans ce sens populaire que nous entendons par principe d'action tout ce qui nous excite à agir [178]. » Ici les principes d'action deviennent une puissance active.

Quelquefois, par puissance active, l'auteur semble désigner exclusivement la force motrice par laquelle nous donnons une impulsion à nos membres, comme dans ces phrases : « Ce n'est pas la conscience qui nous donne la conviction qu'il existe en nous quelque degré de *puissance active*; un homme frappé de paralysie pendant la nuit, ignore qu'il ne peut plus mouvoir ses membres et ses bras.... Comme toutes les langues distinguent entre l'*action* et la *connaissance*, la même distinction s'applique aux pouvoirs qui produisent l'une et l'autre : les facultés de voir, d'entendre, de se souvenir, etc., sont des facultés intellectuelles; la faculté d'*exécuter* un ouvrage d'art est une faculté active [166, 167]. » Mais dans d'autres passages, il entend par puissance active non-seulement la volonté, mais toute faculté de l'âme humaine [165].

XVI. DE LA FACULTÉ MOTRICE.

Laissons les incertitudes du langage : une question plus importante est celle de savoir si le docteur Reid a posé la faculté motrice comme faculté spéciale de l'âme, distincte de la volonté. Même hésitation sur la chose que sur le mot. Nous lisons ; d'une part : « Les effets directs de la puissance humaine peuvent se ramener aux deux suivants : donner certains mouvements à notre corps, imprimer certaine direction à nos pensées [169]. Nous n'apercevons aucune liaison entre la volition, *l'exertion de notre force*, et le mouvement du corps qui les suit [170]. » Il semble ici que la force motrice soit un attribut de l'âme et se distingue de la volonté. Mais ailleurs l'auteur écrit : « La volition exerce-t-elle une action physique sur les nerfs et les muscles, ou bien est-elle seulement l'occasion d'un effet produit sur ces instruments par quelque autre force, en vertu des lois établies par la nature? C'est un secret pour nous, tant la conception de notre propre pouvoir devient obscur, lorsque nous voulons remonter à sa source [170]. »

Dans l'essai sur la puissance active, il semble souvent n'attribuer à l'être spirituel que les mouvements volontaires [168]; puis dans l'essai sur les principes animaux, il rapporte à l'âme tous les mouvements instinctifs, qui ne supposent ni attention, ni délibération, ni volonté, qu'on accomplit sans savoir ce qu'on fait, ni dans quel but on agit, et qu'il appelle pour cette raison : les principes mécaniques [179]. D'après cette dernière hypothèse, l'âme serait douée d'une force motrice, en vertu de laquelle, sans le secours de la volonté et de l'intelligence, elle ferait exécuter au corps les mouvements de respiration, de succion, de déglutition, de cri, de geste involontaire, etc....., et même, dans le cas de mouvement volontaire, ce serait encore la force motrice de l'âme qui se chargerait d'exécuter le mouvement voulu [181-183].

Pour nous, appuyé sur l'autorité de M. Jouffroy,

nous admettons cette faculté motrice au nombre des facultés de l'âme. En effet, c'est par sa force motrice seulement que l'âme peut apprécier la résistance que les corps extérieurs opposent au corps qu'elle anime ; et pour qu'elle puisse recommencer un mouvement avec volonté, il faut qu'elle l'ait d'abord accompli sans le vouloir, c'est-à-dire par sa simple force motrice. L'âme ne peut vouloir que sa propre action et non l'action d'autrui, pas même celle de son corps. Elle ne peut vouloir, et elle ne veut jamais la digestion, la circulation du sang, ni le mouvement péristaltique des intestins. Si elle veut mouvoir le bras, c'est qu'elle a d'abord donné cette impulsion en vertu d'une force involontaire qui n'est pas moins propre à l'âme que la volonté.

Ceci posé, il ne faudrait pas dire qu'il y a dans l'âme plusieurs principes mécaniques [179], mais un seul, qui serait cette faculté motrice, agissant de différentes manières, d'après les différentes idées ou affections. Par exemple, sous l'influence de la faim, de la soif et du besoin d'air, elle opérerait les mouvements de respiration, de succion et de déglutition, etc. ; sous l'influence de la peur, le cri, le mouvement de retraite ou d'attaque ; sous celle de la conception, le geste et l'action des muscles du visage, comme sous celle de la mémoire, le mouvement d'imitation ou d'habitude, et elle recommencerait ensuite tous ces mouvements sous la direction de la volonté.

XVII. DES INSTINCTS.

Nous voyons avec regret que l'auteur ait confondu sous le nom d'instincts les actes de la faculté motrice

et certains phénomènes affectifs, comme la crainte naturelle des ténèbres [181], même certains faits intellectuels, comme la croyance à la stabilité de la nature [186].
Sans doute cette appréhension et cette croyance sont
à priori et involontaires, et sous ce rapport elles jus-
tifient le titre d'instinct; mais cette dénomination devrait comprendre alors tous les faits *à priori* et involontaires de l'organisation humaine par opposition aux
faits *à posteriori* : il faudrait distinguer les instincts
intellectuels, les instincts affectifs, et les instincts actifs
ou de mouvement; faire, sous ce point de vue, une
subdivision des trois grandes classes des faits psychologiques en dehors de la volonté, et ne pas donner à l'instinct le nom de principe mécanique.

XVIII. DES PRINCIPES ANIMAUX.

Les principes animaux ne nous arrêteront pas longtemps; nous ferons seulement remarquer que la division de ces principes en appétits, désirs et affections
[190], a le tort de prendre en un sens particulier des
mots auxquels la langue vulgaire accorde une acception plus générale, et que, d'après les règles d'une saine
logique, il vaut mieux innover un mot que le sens d'un
mot reçu. Nous ajouterons que *le désir de la connaissance* [208] ne nous est probablement pas commun avec les animaux; que la *reconnaissance* [219]
n'est pas une affection simple; que *la pitié* [222] est un
mode de toutes les affections du cœur; que l'*esprit public*
[227] se résout en amour de soi, ou en amour de nos
semblables; que la confiance en soi-même [241], qui
est une affection spéciale, est reléguée à tort, comme
en dehors du tableau des principes affectifs, et que la

timidité [242] paraît résulter de l'absence du sentiment
qui précède, et d'une trop grande disposition à croire
en la supériorité d'autrui, disposition que Reid a si-
gnalée sous le nom de principe de crédulité (1).

XIX. DES PRINCIPES RATIONNELS.

Il ne nous reste plus qu'à nous prononcer sur les
principes rationnels. Nous admettons que l'homme est
plus occupé, que les animaux, du soin de l'intérêt bien
entendu [244]; mais nous ne voyons ici qu'une différence
de degré, et non une différence de nature. L'art de
l'intérêt bien entendu consiste à négliger les minces
plaisirs qui pourraient nous détourner de notre route,
et à nous réserver pour un plaisir plus éloigné, mais
plus solide et plus durable. Les animaux font tous les
jours ce calcul, quoique d'une manière un peu moins
étendue que les hommes. Le chien d'arrêt qui, au lieu
d'obéir à son instinct, reste devant le gibier, le pas sus-
pendu, la tête en arrière, suit son intérêt bien entendu.
Reid nous parle lui-même d'un singe qui, après avoir
été enivré, s'était fait une brûlure, et refusa désormais
de boire autre chose que de l'eau [248]. Nous devons
à un ingénieux observateur des animaux cette char-
mante peinture : « Un loup qui chasse sait par expé-
» rience que le vent apporte à son odorat les émana-
» tions du corps des animaux qu'il recherche ; il va
» donc toujours le nez au vent ; il apprend de plus à
» juger, par le sentiment du même organe, si la bête
» est éloignée ou prochaine ; si elle est éloignée ou
» fuyante. D'après cette connaissance, il règle sa mar-
» che ; il va à pas de loup pour la surprendre, ou re-

(1) Voyez plus haut page 93.

» double de vitesse pour l'atteindre. Il rencontre sur
» sa route des mulots, des grenouilles et d'autres petits
» animaux dont il s'est millé fois nourri ; mais, quoi-
» que déjà pressé par la faim, il néglige cette nourri-
» ture présente et facile, parce qu'il sait qu'il trouvera
» dans la chair d'un cerf ou d'un daim un repas plus
» ample et plus exquis (1). » Le soin de l'intérêt bien
entendu n'est pas autre chose chez l'homme. Nous
nous posons pour but un avantage supérieur à tous ceux
que nous trouvons sur notre route, et nous méprisons
en passant les proies faciles et petites, pour nous assu-
rer à la fin un butin plus ample ou mieux choisi.

De plus, ce soin de l'intérêt n'est pas le résultat
d'une faculté spéciale. Il se forme de la comparaison
de nos plaisirs, c'est-à-dire de la conscience, de la
mémoire et d'un peu de résolution pour nous réserver
au plus grand ou au plus durable de ces plaisirs. Ce
n'est donc pas un principe spécial de notre organisation.

Quant au principe rationnel ou au sens du devoir,
je ne connais pas de plus savante ni de plus claire exposition que celle de notre auteur sur ce sujet, mais
Reid convient lui-même que cette faculté est intellectuelle ; elle devait donc figurer parmi les facultés de
l'intelligence. Le besoin de la placer ou de la repro-
duire ailleurs devait avertir ce philosophe qu'il s'était
arrêté à un mauvais système de division.

XX. CONCLUSION.

Me voici arrivé à la fin de l'ouvrage de Reid, et je
n'ai pour ainsi dire trouvé qu'à blâmer ! moi, qu'on a

(1) Lettres sur les animaux, par Leroy, capitaine des chasses de
Louis XVI, VII⁰ lettre.

bien voulu appeler un *Psychologue écossais* (1), je renie ma patrie, je brûle l'arbre dont j'ai cueilli les fruits! Ne le croyez pas. Il y a encore chez le vénérable Reid de quoi suffire à ma piété filiale.

La doctrine de Reid est plutôt cachée que montrée dans ses essais. Sous la classification générale inscrite en tête des chapitres, il faut savoir en lire une autre qui est fort différente. La première n'est que nominale, la seconde est dans le fond des choses. Reid écrit sur le frontispice de son livre les titres suivants : Sensation, perception, mémoire, conception, abstraction, jugement, raisonnement, goût intellectuel, facultés actives, puissance active, principes d'action, etc.; mais dans le fond des chapitres, la plupart de ces éléments se confondent et s'effacent, pour laisser apparaître une autre énumération plus distincte et plus légitime que voici : Conscience, perception, mémoire, conception, faculté inductive, faculté interprétative, foi naturelle en autrui, facultés des connaissances nécessaires parmi lesquelles se distingue le sens du devoir; faculté motrice, affections passives, volonté libre.

Demandez à ce philosophe une distribution méthodique des matériaux qu'il a recueillis, une adroite induction qui des phénomènes nous conduise à un petit nombre de causes, vous ne trouverez ni cette classification, ni cette analyse. Ce n'était pourtant pas la tache la plus malaisée; et le dépit de lui voir négliger ce facile travail est ce qui nous a mis la plume à la main. Mais ces matériaux innombrables, ces milliers de phénomènes si patiemment décrits, faut-il les oublier ? N'est-

(1) **Préface** de la traduction des fragments d'Hamilton par M. Peisse, p. 30.

ce pas Reid qui nous a montré à ne plus confondre les
perceptions des différents sens, et en particulier, celles
de la vue et du toucher? Malgré quelques contradictions, n'est-ce pas chez lui seul qu'on peut rencon-
trer une théorie raisonnable de la perception? Où trouver une plus savante exposition de la mémoire et des
merveilles si variées que présente la suite de nos conceptions? Ses essais sur l'abstraction, le jugement et le
raisonnement sont encore plus lumineux et plus in-
structifs que les mêmes chapitres dans l'admirable logique de Port-Royal, et les savants solitaires ont partagé
la faute de regarder ces opérations de l'esprit comme
les actes d'autant de facultés distinctes. Enfin, avec quel
profit et quel intérêt ne lit-on pas les chapitres sur le
goût intellectuel, sur les affections si variées qui se partagent notre âme, sur le sens du devoir et sur la morale? Avec tous ses défauts, l'ouvrage de Reid offrira
longtemps encore la lecture la plus instructive pour
l'esprit, la plus délicieuse pour le cœur et la plus pro-
fitable pour la philosophie.

Quittez la terre d'Écosse pour celle d'Allemagne :
vous n'apercevez plus là de ces recueils de faits sans
classification, mais de vastes systèmes, en apparence
admirablement coordonnés. Vous trouvez, par exemple, une psychologie expérimentale, considérée seulement comme le vestibule de la science, d'où l'on
passe dans un imposant édifice, divisé en trois parties : la logique, la métaphysique et la morale (1). La

_____

(1) Voyez l'excellente traduction
du Manuel de philosophie de Mat-
thiæ, par M. Poret, « ouvrage qui
» sous une forme concise offre à
» peu près dans toutes ses parties le
» développement de la philosophie
« de Kant, et qui est devenu le
» texte et le programme de l'ensei-
» gnement philosophique récem-
» ment introduit dans les gymna-
» ses de la Prusse. » (Préface du
traducteur, p. 26 et 28).

8

psychologie ne contient que trois facultés : la sensibilité, l'entendement et la raison. La logique expose les
principes *formels* ou *subjectifs* de l'entendement. La
métaphysique, au moyen des principes *matériels* ou
objectifs, constitue à nos yeux l'être en général, l'âme,
la nature et Dieu ; et la morale élève sur une seule base
tout l'ensemble de nos devoirs et de nos droits. Vous
admirez ces immenses proportions et cette harmo-
nieuse ordonnance. Vous entrez dans l'intérieur : qu'y
trouvez-vous ? « La perfection morale de l'homme, c'est
» le développement de ce qui le fait homme, c'est-à-dire
» de sa raison et de sa libre volonté (1). » Mais dans quel
but faut-il développer la liberté ? probablement pour
rester fidèle à la raison. Et que dit la raison ? qu'il faut
développer la liberté et la raison : faible lumière pour
rédiger un code ; vous tournez dans un cercle. Mais,
vous ajoutez le devoir de cultiver nos sentiments élevés,
le devoir d'amour, auquel nos parents ont plus de droit
que tout autre (2) ; la raison nous enseigne donc autre
chose que cet unique précepte de cultiver la liberté et
la raison ; et les développements de la morale ne portent pas sur la base unique qu'on leur avait d'abord
assignée.

Dans la *Psychologie empirique* la *sensibilité* est
mal définie, elle est et elle n'est pas une faculté de
connaître (3). L'*entendement* contient pêle-mêle une
multitude de principes intellectuels fort indépendants
les uns des autres, tels que la notion de cause, celle de
devoir, la croyance à la stabilité de la nature ; de sorte
que l'unité de cet entendement n'est que nominale (4).

(1) Même ouvrage, § 147.
(2) *Ibid.*, § 149, 152, 154.
(3) *Ibid.*, § 9, 12, 14.
(4) *Ibid.*, § 21.

La *raison* qui donne la loi morale et la loi de causalité (1), n'ajoute rien à l'entendement qui contenait déjà l'idée de justice et de cause (2). La *volonté* nommée quelquefois ne figure pas dans le tableau général des facultés.

Cette philosophie n'indique nulle part le moyen de distinguer les principes formels d'avec les principes matériels de l'entendement ; de sorte qu'il n'y a aucune limite légitime entre sa logique et sa métaphysique, ni même entre ces deux parties et sa psychologie expérimentale.

Abordez cette métaphysique, dont le nom seul, dit-on, fait peur à l'Écosse : vous vous attendez à trouver autre chose que la psychologie. Voici les principes dont la métaphysique fait étalage : « L'homme *se* » *connaît* distinct des choses extérieures et de son » corps (3) ; le principe de causalité *domine l'esprit* et » lui fait chercher le général, lui fournit le principe de » la raison suffisante, lui *fait reconnaître* aux phéno- » mènes une base fixe et le *fait remonter* à une cause » inconditionnelle, à l'absolu dont la notion est une » idée » (4). Voilà l'ontologie. L'Écosse avait exposé tout aussi légitimement les mêmes principes sous le nom de philosophie de l'esprit humain, c'est-à-dire de psychologie.

Passons à la partie de la métaphysique qu'on appelle en Allemagne la psychologie rationnelle. « L'homme » *a conscience* que son âme peut agir à l'encontre » des incitations extérieures (5). L'homme est conduit » *par la conscience* à concevoir son âme comme » une substance, etc. (6). » — Quelle différence y

---

(1) *Ibid.*, § 25.
(2) *Ibid.*, § 21.
(3) *Ibib.*, § 119.

(4) *Ibid.*, § 121-124.
(5) *Ibid.*, § 127.
(6) *Ibid.*, § 129.

a-t-il entre la psychologie rationnelle et la psychologie empirique ?

Voyons la cosmologie rationnelle. « *La conscience* » *primitive* reconnaît inévitablement les impressions » des choses extérieures et la réaction de l'âme. Le » monde extérieur est donc réel (1). » Ne sommes-nous pas ici en pleine psychologie ?

Enfin, comment se compose la théologie rationnelle ? « *La raison est forcée* par ses lois de concevoir l'em-» pire de la nature comme relevant d'une cause pre-» mière, et l'empire de la liberté comme soumis à une » essence qui est elle-même absolument libre. (2) » Nous ne sortons pas du cercle de cette psychologie empirique, qu'on avait rejetée dédaigneusement hors de la science ; ce qu'on appelait le vestibule compose en réalité l'édifice tout entier.

Et en effet, la psychologie contient l'ontologie. Elle constate que le *non-moi* nous est donné en même temps que le *moi*, que l'*invariable* est connu avec le *variable*, et l'*infini* à propos du *fini*. La psychologie, sous peine d'être incomplète, doit rechercher la nature et l'origine des notions d'*être*, de *substance* et de *cause*. Quand elle les a dégagées, quand elle a montré que la notion implique la chose, et que l'abstraction ou la pure subjectivité n'est possible qu'après que l'objet extérieur a été en rapport avec l'âme, que voulez-vous faire de plus en ontologie ? De la substance vous ne tirerez jamais que la substance, comme de l'être, que l'être, et de la cause que la cause. Vous tournerez dans des tautologies sans fin.

Quand vous avez posé les principes d'une sévère psychologie, combinez-les et appliquez-les aux variétés des

_____

(1) *Ibid.*, § 130.   (2) *Ibid.*, § 133.

choses extérieures, pour en former une logique, une
physique, une morale et une religion naturelle; mais
n'entreprenez pas de constituer une ontologie à part,
dont l'objet ne soit ni l'homme, ni la nature, ni Dieu.
Si un sceptique, sous prétexte de constater l'état actuel
des opinions philosophiques, essaye de les briser les
unes contre les autres (1); si après avoir pulvérisé, sans
peine, le matérialisme à l'aide des arguments de Bayle,
il affirme que les travaux de la philosophie écossaise pour
distinguer l'âme d'avec le corps, et la psychologie d'avec
l'organologie, conduisent justement au matérialisme, s'il
reproche à cette philosophie d'éviter ce qu'il appelle les
grands problèmes philosophiques (2); ne vous effrayez
pas de son humeur chagrine, car il vous dira lui-même
que tout ce que nous saurons jamais de l'être, c'est qu'il
est; et que la tentative d'en savoir davantage est vaine et
anti-philosophique (3); il vous dira que la philosophie
ontologiste n'a jamais fait qu'obscurcir la notion de
Dieu et qu'il faut en revenir au Dieu de l'humanité,
être tout-puissant et tout bon, séparé de l'homme et
du monde, c'est-à-dire au Dieu de l'humble philosophie écossaise (4). C'est avec le même esprit de conséquence qu'il vous grondera d'avoir abandonné l'enseignement de la logique d'Aristote, alléguant que
l'assemblée constituante ne savait que cela et le la-
tin (5), oubliant qu'elle s'inspirait surtout de Jean-
Jacques, qui ne savait guère ni l'un ni l'autre, et qu'il
souhaitera en terminant qu'on ne *ressuscite pas la
Scholastique, parce qu'on ne ressuscite rien* (6).

(1) Voyez la préface déjà citée
des fragments d'Hamilton.
(2) *Ibid.*, p. 28 et 30.
(3) *Ibid.*, p 88 et 89.
(4) *Ibid.*, p. 106 et 107.
(5) *Ibid.*, p. 130.
(6) *Ibid.*, p. 131.

En présence des constructions fantastiques de l'Allemagne, j'aime mieux les matériaux épars de l'Écosse. Thomas Reid est l'ouvrier laborieux qui a péniblement extrait les blocs de la carrière, qui a taillé les mâts et les charpentes : vienne l'architecte, il en construira des villes et des flottes. L'Allemand est l'entrepreneur audacieux qui dans la hâte de bâtir se contente de terre et de paille.

Un empereur avait décrété l'érection d'un arc de triomphe pour célébrer les victoires de son armée. Les pierres n'étaient que rassemblées, lorsqu'il voulut recevoir avec pompe une épouse conquise par ses armes. L'intendant de la fête, avec de la toile et du bois, éleva la veille un édifice qui à cent pas faisait illusion. Le vent et la pluie le déchirèrent le lendemain. Les pierres destinées à l'autre monument étaient éparses sur le sol; elles y restèrent longtemps : le conquérant était parti; le goût des arcs de triomphes était passé. Nous autres enfants, nous trouvions sur notre chemin cet amas de matériaux, ici groupés au hasard, là séparés sans raison; nous gravissions et redescendions ces monticules de pierre, tandis que nos pères se plaignaient de cet embarras aux abords de la capitale. On parlait d'un ouvrier qui errait de bloc en bloc, le marteau sous le bras; on riait d'un architecte officiel dont les fonctions étaient de ne pas bâtir; cependant ces pierres ne s'usaient pas, elles bravaient le sarcasme des hommes et l'intempérie des saisons. Un jour on prit tout à coup la résolution de les asseoir les unes sur les autres, de les disposer en piliers et en arcades, et l'on dressa un édifice que le vent n'emportera plus.

FIN.

TABLE DES MATIÈRES.

PREMIÈRE PARTIE.

EXPOSÉ DE LA DOCTRINE.

SECONDE PARTIE.

CRITIQUE.

FIN DE LA TABLE.

PARIS. — IMPRIMERIE DE FAIN ET THUNOT,
IMPRIMEURS DE L'UNIVERSITÉ ROYALE DE FRANCE,
28, rue Racine, près de l'Odéon.

www.ingramcontent.com/pod-product-compliance
Lightning Source LLC
Chambersburg PA
CBHW060605100426
42744CB00008B/1326